LA ESTRATEGIA

~~WIN-WIN~~
~~WIN-WIN-WIN~~

WIN

VÍCTOR DE LA FUENTE

 THINKING
SCHOOL

LA ESTRATEGIA WIN

Y otros ensayos de la economía digital

- Víctor de la Fuente -

La estrategia WIN y otros ensayos de la economía digital / Víctor de la Fuente – 1ª Edición

ISBN 9798872226055

ÍNDICE

INTRODUCCIÓN

Este ensayo, *wannabe* de *paper*, recoge la teoría *WIN* y otras reflexiones sobre la economía digital.

Principalmente, la parte relacionada con la estrategia WIN se desarrolla en formato paper con una primera parte resumen del desarrollo de la teoría. Posteriormente, se detalla la teoría en sí misma y, finalmente, se añade un poco de contexto e historia sobre aspectos relacionados y mencionados en la teoría.

El ávido lector puede saltarse enteramente ese último bloque de la teoría WIN, historia, contexto y otros, y continuar con el resto de las reflexiones sobre la economía digital.

Todo radica en el lenguaje y lo que es esconde detrás de este. Sin ir más lejos, en el universo del lenguaje corporativo, se nos presenta una narrativa mágica en la que se nos insta a dar el 120% de nosotros mismos en nuestro trabajo. Esta fantasía no es simplemente una exageración; es una expresión de la insaciable sed de productividad que caracteriza a las organizaciones modernas. El 100% ya no es suficiente. Ya no se trata de ser competente o cumplir con las expectativas; se trata de superar constantemente límites autoimpuestos, de elevar la barra hasta alturas imposibles y luego de saltar sobre ella una y otra vez.

Sin embargo, si vamos a sumergirnos en el terreno de los porcentajes irrealistas, ¿por qué conformarnos con un modesto 120%? ¿Por qué no apuntar al 200%, al 500%, o incluso al 3000%? Imaginemos lo que significaría entregar el 3000% de nuestro esfuerzo. La noción es absurda, claro está, pero refleja una verdad fundamental sobre la cultura laboral contemporánea: la expectativa de un rendimiento infinito y el empuje perpetuo hacia un horizonte inalcanzable.

Este lenguaje, en su intento de motivar, revela una desconexión profunda con la realidad humana. Nadie puede dar más del 100% de sí mismo; hacerlo implica sacrificar salud, bienestar y equilibrio personal. Y, sin embargo, estas cifras infladas se convierten en la norma, estableciendo estándares que ningún ser humano puede cumplir sin pagar un precio alto.

El problema radica en que este lenguaje crea una ilusión de progreso y superación continua. Al decir que debemos dar el 120%, se nos lleva a creer que siempre hay una reserva adicional de energía, creatividad y dedicación a la que podemos recurrir. Pero esta reserva no existe. Cada uno de nosotros tiene límites naturales y, por muy comprometidos que estemos, esos límites no se pueden extender infinitamente sin consecuencias graves.

Entonces, ¿qué logramos al pedir el 200% o el 3000%? Creamos un entorno en el que la insatisfacción y el agotamiento se convierten en constantes compañeras. Fomentamos una cultura de trabajo donde el fracaso no se mide por la falta de esfuerzo, sino por la incapacidad de cumplir con expectativas irreales. El resultado es una espiral de estrés y burnout, donde el verdadero potencial humano es sofocado por la presión y la sobreexigencia.

El lenguaje del 120% y más allá no es más que una fachada, una forma de disfrazar las demandas incesantes de productividad como una búsqueda noble de excelencia. Pero la excelencia no se mide en porcentajes imposibles. Se mide en la capacidad de equilibrar, de priorizar lo esencial y de reconocer los límites humanos como algo natural y respetable. Si realmente queremos inspirar y motivar, debemos abandonar estos números inflados y volver a un entendimiento más realista y humano de lo que significa dar lo mejor de nosotros mismos.

Al mismo tiempo, existe el uso proliferado de metáforas que directamente significan lo opuesto a lo que intentan representar. Una vez más, un descuido del lenguaje en aras de una narrativa empresarial que da poca cabida a la reflexión subyacente.

En esta línea, en el vasto océano del lenguaje corporativo, una metáfora popular es la de "convertirte en un faro". La imagen es potente: un faro es visible, brillante, guía en la oscuridad y en la tormenta. Se nos anima a ser ese faro en nuestros equipos y organizaciones, a destacarnos y a guiar a otros hacia el éxito. Sin embargo, esta metáfora, aunque inspiradora, es engañosa. Se recuerda poco que un faro no indica por dónde hay que ir, sino lo que hay que evitar.

Un faro no guía hacia un puerto seguro; más bien, señala los peligros, las rocas traicioneras y los arrecifes ocultos que pueden hundir un barco. En el ámbito corporativo, asumir el papel de faro implica una función preventiva más que directiva. Nos convertimos en guardianes de los riesgos, en voces de advertencia contra los errores que otros podrían cometer. Pero, ¿es esto lo que realmente necesitamos en un líder? ¿Una figura que solo resalta lo negativo y lo peligroso?

Al centrarnos en ser faros, podríamos estar cultivando una cultura del miedo y la evitación. Señalar constantemente lo que se debe evitar puede frenar la innovación y la toma de riesgos calculados, elementos esenciales para el crecimiento y la creatividad. En lugar de inspirar valentía y proactividad, podríamos estar fomentando una actitud defensiva, donde el miedo a los errores paraliza la acción y la iniciativa.

Además, ser un faro implica una vigilancia constante. Los faros operan ininterrumpidamente, noche y día, emitiendo su luz sin descanso. Aplicada a la vida laboral, esta metáfora sugiere una expectativa de alerta perpetua, de no bajar nunca la guardia. Pero, ¿es sostenible esta vigilia sin fin? ¿No corre el riesgo de conducir al agotamiento y al desgaste, tanto físico como mental?

En un entorno corporativo saludable, necesitamos más que faros. Necesitamos líderes que no solo alerten sobre los peligros, sino que también iluminen el camino hacia oportunidades y soluciones. Líderes que inspiren confianza y motiven a sus equipos a avanzar con seguridad y determinación, no solo a evitar naufragios. Necesitamos visiones claras de hacia dónde ir, no solo de qué alejarnos.

El desafío, entonces, es reimaginar la metáfora del faro. Sí, es crucial ser conscientes de los riesgos y obstáculos. Pero también debemos ser cartógrafos, trazando mapas detallados de los territorios inexplorados, señalando no solo los peligros, sino también las rutas seguras y los destinos prometedores. Debemos ser brújulas, no solo faros, orientando a nuestros equipos con dirección y propósito, no solo con advertencias.

Al final del día, el liderazgo efectivo va más allá de evitar lo malo. Se trata de perseguir lo bueno, de encender luces que no solo adviertan, sino que guíen y motiven. Así, en lugar de ser simplemente faros que marcan peligros, nos convertimos en verdaderos guías que conducen a nuestros equipos hacia nuevos horizontes de éxito y realización.

Las reflexiones sobre la economía digital son en formato ensayo sin estar atado a ningún formalismo. *Straight to the point.*

———— ○ · ● · ○ ————

SCOPE Y OBJETIVO

Scope y objetivos:

Definir un marco analítico sobre las relaciones empresariales y su vínculo con el lenguaje corporativo sin recurrir a subterfugios discursivos ni a malinterpretaciones derivadas del uso impreciso del lenguaje. Analizar expresiones como win-win o partnership estratégico que han adquirido una presencia casi ubicua en las narrativas empresariales y operan como enunciados performativos enmascarando tensiones estructurales, ocultan asimetrías de poder o, en el mejor de los casos, simplifican excesivamente la complejidad relacional.

Abstract:

La estrategia WIN se define a la vez por sus opuestos: una estrategia en la que solo uno gana (capitalismo) y una estrategia por la que todos ganan (sostenibilidad).

Expresiones como win-win han pasado a constituir parte del léxico habitual de la gestión empresarial y, aunque en su origen pretendían aludir a un horizonte de cooperación y beneficio compartido, en la práctica operan como dispositivos retóricos que encubren asimetrías de poder, expectativas incumplibles o promesas vagas. Cuestionar la función performativa del lenguaje corporativo y apostar por un marco comunicativo que privilegie la claridad, la explicitación de intereses y la delimitación de responsabilidades. Solo desde esa transparencia conceptual y discursiva se hace posible una construcción más realista y sostenible de las relaciones empresariales.

Título completo:

La estrategia WIN-win-win-win y otros ensayos de la economía digital (2023)

Autor:

Víctor de la Fuente

ISBN:

9798872226055

Temas y palabras clave:

Empresa, negocios, partnerships, negociación, economía digital, capitalismo, late stage capitalismo, tecnofeudalismo, win-win, triple-win, administración pública, gobierno, ciudadano, consumidor, social, beneficios, asimetrías de poder, retórica corporativa, valor compartido, sostenibilidad, plataformas digitales, algoritmización de la economía, competencia y cooperación (coopetition), desigualdad económica, ética empresarial.

○ · ● · ○

LA ESTRATEGIA WIN-win-win-win

DE LA ESTRATEGIA WIN-WIN-WIN A LA ESTRATEGIA WIN

L a estrategia *win*-win-win-win viene en respuesta a la evolución de la, muy usada y más conocida, estrategia *win-win* o su evolución triple-*win* o win-*win-win*. Previendo la absurdidad que se empieza a vislumbrar en el uso de estas estrategias y expresiones, muy comunes en el ámbito empresarial, económico o de marketing, prefiero avanzarme para establecerla de forma absoluta y completa. Absolutismo marcado por su rotundidad al definir los agentes que protagonizan y actúan en cada *win*.

Para los desconocedores de la estrategia win-win, aunque se desarrolla en secciones posteriores, explica que ambas partes, por ejemplo proveedor y cliente, ganan en la negociación o en el partenariado que establezcan. No hay poder de dominancia entre uno u otro. Lo mismo cuando tratamos entre empleador y empleado. Desde hace un tiempo se está empezando a utilizar también la estrategia triple-*win*, es decir, gana el cliente, el proveedor y el consumidor.

Aunque ciertamente la expresión y estrategia *win-win* se aplica en muchos ámbitos y los agentes pueden cambiar en cada uno de ellos, normalmente está mucho más popularizada en el ámbito empresarial, o yo estoy muy sesgado por mi *background*, que también es posible. Justamente en este ámbito, se comienza a incluir un tercer *win* que habitualmente es definido como el consumidor.

Muchos ya empezarán a entrever que mi crítica radica, justamente y entre otros motivos, a que el consumidor, es un subset de la sociedad. En una época en la que el papel de las corporaciones y empresas, que por un lado pretenden tener derechos como las personas -pero en cambio no ir a la cárcel-, en una era de la concienciación global, sostenibilidad, calentamiento global, y otros efectos a los que contribuimos todos -y con aun más impacto las empresas-, hablar de consumidor como tercer agente es cuanto menos cortoplacista y un modelo, como digo, incompleto.

Incompleto porque si el tercer agente es el consumidor, da a pie a incluir a un cuarto agente: la sociedad. Por tanto, tenemos en una derivada tan fácil como obvia, la teoría del *win-win-win-win*. Ejemplificándolo: una estrategia ganadora para el proveedor, la empresa, el consumidor y la sociedad.

Hay que ser poco creativo para seguir desarrollando y ampliando la expresión win-*win* mutándola a conveniencia del consumidor (pun entendido) para encubrir el discurso del capitalismo: quiero ganar por encima del resto.

La absurdidad de este modelo es que el capitalismo vive del crecimiento y de extraer valor de unos recursos para apropiárselos otros. Estas estrategias y expresiones encubren la cruda realidad del capitalismo: no todo el mundo puede ganar... aunque por arte de magia y expresiones empresariales vacías como las mencionadas o incluso la propuesta son incuestionadas y peor aún, promovidas. Simplemente en un mundo con recursos finitos no se puede pretender crecer ad infinitum. En un mundo de extracción de valor, el surplus no es para repartirlo equitativamente sino para que uno gane a costa de otros.

Definiendo al consumidor como tercer agente es donde considero que el modelo está desbalanceado y tampoco tiene toda la visión completa y holística que podría y debería tener. Me explico.

Partimos de la base, y no solo por culpa de expresiones como esta, que equiparan, aunque en realidad es reducir, al ciudadano a un mero consumidor. Parte del mindset capitalista es votar con tu compra ya que así, ingenuamente, las empresas y el resto de *stakeholders* se adaptarán al mercado. Digo ingenuamente porque ese votar con tu dinero es un concepto tan imperfecto salvo que sea tan literal que se refiera a comprar las elecciones a través de donaciones. En aras de enfoque y centrarnos en la estrategia y la teoría en sí misma, aparto los argumentos para un futuro capítulo o investigación por parte de los lectores.

En cualquier caso, reducir a la persona como consumidor simplemente, como por ejemplo sustituir en el léxico en una clínica a los "pacientes" por "consumidores", es una demostración de que la organización tiene como objetivo los beneficios y no velar por sus 'pacientes'. Igual ocurre en una sociedad cuando la Administración y los políticos reducen al ciudadano y se dirigen a ellos como meros 'contribuyentes'. De forma sutil pero a la vez directa, este uso del lenguaje indica la permeabilidad del capitalismo en todos los tipos de organizaciones.

Ese enlace entre ciudadano-consumidor es incluso la visión más cercana a la buena fe y optimista cuando se refieren al triple win indicando que ese tercer agente es el consumidor. En esta visión optimista, reducen al ciudadano en consumidor pero al menos están considerando a un colectivo más amplio.

Aunque los win definen a agentes, puedo concebir que, en aras de darle una innecesaria vuelta de tuerca más, algún otro gurú economista quiera añadir un win como una dimensión extra como una franja temporal. Otra vez, nos encontraríamos en la absurda situación de definir ese win temporal como corto o largo plazo, o peor aún, añadir un segundo win (uno para corto y otro para largo plazo).

Volviendo a nuestro espacio tiempo, Slavoj Zizek es uno de los filósofos modernos más influyentes. Entre sus provocadoras teorías, Zizek aboga por una supra identidad y a la vez una simplicidad en la misma. Uno de los tantos ejemplos que coge, por crear polémica y por ende yo hacer lo mismo, es cuando menciona por qué no ser directamente "+" en el colectivo LGBT+. Si ese "+" (heteros, aliados y resto de identidades que fluyen) ya incluye todo lo anterior y es más universal en el concepto, ¿qué sentido tiene definirse con alguno los colectivos anteriores L-G-B-T?

Sin desviarme en exceso en términos filosóficos pero por concluir la reflexión anterior y a la vez incitar la reflexión al lector, uno se define tanto por lo que es como por lo que no es, vía negativa. Negar alguna de ellas, tanto en positivo como negativo, es negar parte de la identidad.

Volviendo al tema que nos ocupa, el léxico en el mundo empresarial y en concreto la expresión *win-win* o triple-*win*, después de la referencia a Slavoj Zizek, ya puedes intuir cuál sería mi siguiente paso en la teoría *win-win-win*. Exactamente. El siguiente paso es simplemente llamarla: Estrategia *win*; convertirla directamente en "+".

Paradójicamente, propongo llamarla Estrategia *Win* por motivos completamente opuestos. Por tanto, nace para ser mal interpretada o manipulada según a quién le convenga.

Ya mencionado, el primer motivo es el más honesto de todos y a la vez una verdad incómoda: en un sistema capitalista no pueden ganar todos. La estrategia win es una estrategia para ganar y que gane uno más que/acosta del resto.

El segundo motivo es precisamente que en el sistema capitalista en el que vivimos, o ganamos todos o no gana ninguno. Ganamos todos (fabricantes, proveedores, consumidores, sociedad, medio ambiente*) a corto y largo plazo... o no ganará nadie porque en ese largo plazo quien sufre es la sociedad o el planeta con un modelo insostenible a distintos niveles.

*Medio ambiente: hago inciso para comentar este otro agente como si la naturaleza o el medio ambiente fuera extrínseco a la humanidad, cuando la humanidad forma parte de esta naturaleza y de este medio ambiente. Es decir, expresiones y mindset como destrozar el medio ambiente / naturaleza son una forma de auto daño infligido en nosotros mismos. También cuando no es un daño inherente sino un cambio. Cambiar la naturaleza es cambiarnos a nosotros mismos.

Por tanto, la estrategia WIN destapa el velo con el que vivimos (inherente al capitalismo) y, además, pone fin a evoluciones absurdas (añadir infinitos win a conveniencia).

Obviamente, el planteamiento de la estrategia WIN se decanta no por el uso y abuso del sistema capitalista en favor de unos, ya que ese es su modo por defecto, sino precisamente la universalidad y el largoplacismo que plantea ese: ganamos todos o no gana ninguno. La cuestión clave es, ¿quién será el primero en abrazar una estrategia tan universal y comprometedora como la estrategia WIN?

HISTORIA Y EVOLUCIÓN DE-WIN-WIN

La expresión "win-win" tiene sus raíces en la década de 1950 y se atribuye a la teoría de juegos, que es una rama de las matemáticas y la economía que analiza las interacciones estratégicas entre jugadores. Aunque la frase "win-win" en sí misma puede no haberse utilizado formalmente en ese momento, los conceptos subyacentes de buscar soluciones en las que ambas partes ganen comenzaron a desarrollarse y a ganar prominencia en ese período.

A medida que las teorías de negociación y estrategia evolucionaron, la noción de encontrar soluciones beneficiosas para todas las partes involucradas se volvió más explícita. La expresión "win-win" se popularizó en las décadas siguientes, especialmente en la literatura de gestión y en el discurso empresarial.

El término encapsula la idea de que, en lugar de ver las negociaciones o las interacciones como un juego de suma cero, donde lo que uno gana, el otro pierde, es posible diseñar situaciones donde ambas partes obtienen beneficios. Esta perspectiva se ha vuelto fundamental en la teoría y la práctica de la gestión, la resolución de conflictos y las negociaciones estratégicas. La expresión "win-win" refleja la búsqueda de soluciones que generen un valor compartido y promuevan relaciones a largo plazo basadas en la colaboración y la reciprocidad.

En el complejo entramado de las interacciones humanas, la estrategia win-win emerge como un paradigma que busca trascender las limitaciones inherentes a la competencia pura. Esta filosofía se fundamenta en la premisa de que las partes involucradas en una negociación o colaboración pueden alcanzar beneficios mutuos, sin que el éxito de una de ellas implique necesariamente la derrota de la otra. En lugar de ver las relaciones como una suma cero, donde los intereses de una parte son inversamente proporcionales a los de la contraparte, la estrategia win-win aboga por la creación de valor compartido.

Contextualmente, esta estrategia ha adquirido una relevancia significativa en ámbitos empresariales y sociales. En el mundo empresarial, por ejemplo, las alianzas estratégicas basadas en la colaboración y la cooperación se han vuelto cruciales en un entorno caracterizado por la volatilidad y la incertidumbre. En lugar de competir de manera feroz y, en última instancia, perjudicar la sostenibilidad a largo plazo, las empresas están reconociendo la importancia de buscar soluciones que beneficien a ambas partes involucradas. Esto se traduce en acuerdos más duraderos y relaciones comerciales más sólidas.

En el ámbito social, la estrategia win-win también ha demostrado ser una herramienta efectiva para abordar desafíos complejos. Por ejemplo, en la resolución de conflictos interpersonales o internacionales, adoptar un enfoque colaborativo puede conducir a soluciones más duraderas y a la construcción de relaciones pacíficas. La premisa subyacente es que el bienestar de un individuo o una nación no debe lograrse a expensas de otros, sino que, en cambio, puede construirse sobre la base de intereses compartidos y compromisos mutuos.

En este paradigma de ganar-ganar, la empatía y la comprensión desempeñan un papel central. La capacidad de reconocer y valorar los intereses y necesidades de todas las partes involucradas se convierte en el cimiento sobre el cual se construyen las soluciones beneficiosas para todos. Esto implica un cambio de mentalidad, alejándose de la noción tradicional de que la victoria de uno implica la derrota del otro.

Una de las características más notables de la estrategia win-win es su capacidad para fomentar la innovación y la creatividad. Cuando las partes colaboran en lugar de competir, se crea un espacio propicio para la exploración de nuevas ideas y enfoques. Las soluciones que surgen de esta mentalidad colaborativa tienden a ser más holísticas y adaptativas, ya que integran diversas perspectivas y experiencias.

El mundo contemporáneo enfrenta desafíos interconectados y complejos, desde crisis ambientales hasta tensiones geopolíticas. La estrategia win-win se presenta como un antídoto, una herramienta que puede transformar la dinámica de la competencia destructiva en una búsqueda colectiva de soluciones. La sostenibilidad, la paz y el progreso pueden convertirse en objetivos alcanzables cuando se adopta un enfoque que reconoce y aborda las necesidades de todas las partes involucradas.

No obstante, es importante destacar que la implementación efectiva de la estrategia win-win requiere un compromiso genuino de todas las partes. La transparencia, la comunicación abierta y la disposición para encontrar compromisos son elementos esenciales en este proceso. En un mundo donde las interacciones globales están cada vez más entrelazadas, la estrategia win-win se presenta como un faro ético que puede guiar las decisiones y acciones hacia resultados más equitativos y sostenibles.

La estrategia win-win no solo se trata de lograr acuerdos superficiales, sino de construir relaciones y estructuras que fomenten el crecimiento y la prosperidad a largo plazo. Al adoptar este enfoque, no solo se promueve el bienestar individual, sino que se contribuye al bien común, estableciendo las bases para un futuro más armonioso y colaborativo. En un mundo donde los desafíos globales requieren respuestas colectivas, la estrategia win-win se presenta como un camino prometedor hacia un futuro donde el éxito se mide en términos de prosperidad compartida.

La estrategia win-win, al enfocarse en la creación de valor compartido, se erige como una alternativa constructiva y sostenible a la competencia desmedida. Ya sea en el ámbito empresarial o en la esfera social, adoptar este enfoque no solo fomenta relaciones más saludables, sino que también abre la puerta a soluciones innovadoras y a la consecución de objetivos comunes. En un mundo cada vez más interconectado, la estrategia win-win se erige como un faro que guía hacia un futuro donde el éxito no está en la derrota del otro, sino en la prosperidad conjunta.

Una estrategia win-win evoluciona desde un primer mindset de estrategias de suma cero basadas en la más pura esencia, y quizá más genuina, del capitalismo.

En el ámbito económico y de negocios, las situaciones de suma cero son relevantes al considerar la distribución de recursos limitados. Un ejemplo clásico es la competencia en un mercado con recursos escasos, donde las ganancias de una empresa suelen significar pérdidas para sus competidores. En tales circunstancias, la lucha por cuotas de mercado, clientes o recursos financieros puede representar un juego de suma cero.

En el contexto de las negociaciones comerciales, las situaciones de suma cero pueden surgir cuando las partes involucradas tienen intereses opuestos y están compitiendo por una porción limitada de beneficios. Por ejemplo, en una negociación salarial, la cantidad total de fondos disponibles para aumentos de sueldo puede ser fija, lo que convierte la situación en un juego de suma cero: un empleado obtiene un salario más alto a expensas de otros o viceversa.

En situaciones empresariales de suma cero, la competencia a menudo se percibe como un juego donde los éxitos de una empresa significan directamente la derrota de otra. Este enfoque puede llevar a estrategias agresivas, como la reducción de precios para captar clientes a expensas de la rentabilidad a corto plazo. Sin embargo, este tipo de estrategias pueden generar ciclos destructivos y a largo plazo, donde las empresas terminan perjudicándose mutuamente.

Por otro lado, la estrategia de ganar-ganar en el ámbito empresarial busca desafiar la noción de suma cero al enfocarse en la colaboración y la creación de valor compartido. Colaboraciones estratégicas, alianzas y acuerdos beneficiosos para ambas partes son ejemplos de enfoques win-win en los negocios. Estas estrategias buscan expandir el pastel en lugar de simplemente dividirlo, permitiendo que las empresas crezcan juntas y evitando una competencia destructiva.

Mientras que las situaciones de suma cero son una realidad en muchos aspectos económicos y de negocios, la adopción de enfoques win-win puede ser esencial para promover relaciones comerciales sostenibles y estrategias que generen beneficios a largo plazo para todas las partes involucradas. La comprensión de estos conceptos es crucial para los líderes empresariales que buscan equilibrar la competencia con la colaboración en un mundo empresarial cada vez más interconectado.

Por tanto, si bien partimos desde la más pura honesta visión del capitalismo donde todo el juego es un juego de suma cero, vimos que evolucionó a las estrategias win-win, el siguiente paso en la evolución son las estrategias de triple-victoria o también llamadas win-win-win.

La estrategia win-win-win, también conocida como triple victoria, amplía la noción de ganar-ganar al incluir a una tercera parte o elemento que también obtiene beneficios en una situación o acuerdo. En este enfoque, no solo se busca el beneficio mutuo entre dos partes, sino que se busca incorporar un tercer elemento que también experimente ganancias. Esto implica un nivel más profundo de consideración y equilibrio para asegurar que todas las partes involucradas obtengan un resultado positivo.

Este enfoque tripartito puede aplicarse en diversos contextos, ya sea en negocios, relaciones interpersonales, colaboraciones sociales o acuerdos internacionales.

En el ámbito empresarial, una estrategia win-win-win podría implicar no solo la colaboración entre dos empresas para obtener beneficios mutuos, sino también considerar cómo esta colaboración puede impactar positivamente a los clientes o a la comunidad en general. Por ejemplo, una alianza entre una empresa de tecnología y una empresa de servicios podría no solo mejorar sus propias operaciones, sino también ofrecer soluciones innovadoras que beneficien a los usuarios finales.

La estrategia win-win-win implica considerar y buscar beneficios para tres partes o elementos en lugar de dos, promoviendo una visión más holística y sostenible de las relaciones y acuerdos. Este enfoque busca optimizar los resultados para todas las partes involucradas, fomentando la colaboración y la creación de valor más allá de los límites tradicionales de una negociación win-win estándar.

MATICES DE LAS ESTRATEGIAS WIN-WIN

Las estrategias win-win o triple-victoria normalmente se centran en agentes económicos. Las "win" no son dimensiones temporales, es decir, se obvian las diferencias entre el corto y el largo plazo, con suerte, asumiendo que es positivo en todo el eje temporal.

Además, y más que por sesgo profesional sino por defecto del modelo, en las estrategias win-win-win, el tercer agente de la expresión comúnmente son: consumidores, usuarios finales, o jerga similar específica de cada sector pero usualmente no se tiene en cuenta una visión holística del planeta. Sin entrar en el detalle de los trabajos en sí mismos, distintos papers que mencionan explícitamente la estrategia win-win-win, hacen referencia como tercer agente a conceptos como "business units", o incluso "animal welfare" o "emission reduction".

LA HIPOCRESÍA
DEL MARKETING (DIGITAL)

El fenómeno de la hipocresía en el ámbito del marketing, especialmente en el marketing online, revela una paradoja intrigante que pone de manifiesto la disonancia entre las prácticas profesionales y personales de muchos expertos en la materia. Uno de los aspectos más notorios de esta contradicción se encuentra en la utilización generalizada de herramientas como los adblockers por parte de profesionales del marketing digital, quienes, paradójicamente, basan sus estrategias en la creación y promoción de anuncios digitales.

Resulta desconcertante observar cómo estos especialistas, inmersos en la creación de campañas publicitarias y el análisis de datos para mejorar la visibilidad de productos o servicios, adoptan medidas que contradicen su propio campo de expertise. El uso extendido de adblockers por parte de estos profesionales sugiere una falta de coherencia entre sus acciones y sus valores profesionales. Mientras buscan maximizar la exposición de sus clientes en el vasto panorama digital, parecen expresar, a nivel personal, una aversión hacia la publicidad online.

Esta contradicción plantea preguntas fundamentales sobre la autenticidad y la ética en el marketing digital. ¿Cómo pueden los profesionales del campo abogar por la efectividad de los anuncios digitales mientras evitan conscientemente ser destinatarios de estos? ¿Existe una falta de confianza en las estrategias que promueven, o simplemente se trata de una cuestión de comodidad personal?

La hipocresía en este sentido subraya la necesidad de una reflexión más profunda sobre la integridad en el marketing online. ¿Es posible construir estrategias publicitarias efectivas sin caer en prácticas que uno mismo elige evitar? Este dilema plantea desafíos éticos y morales en el ámbito del marketing digital, cuestionando la coherencia de aquellos que lideran la vanguardia de la publicidad online.

También se podría cuestionar éticamente el uso en sí de esos bloqueadores de anuncios. En esa línea, explicaré dos técnicas totalmente opuestas y con un impacto sustancialmente diferente.

Un bloqueador de anuncios y un ofuscador son herramientas que impactan la manera en que se manejan los anuncios online, pero difieren en su efecto sobre el valor del clic para los anunciantes y las plataformas.

Cuando utilizas un bloqueador de anuncios, estás impidiendo que la mayoría, o incluso todos, los anuncios se carguen y se muestren en tu pantalla. En este escenario, cada clic que realizas en un anuncio tiene un valor más alto. ¿Por qué? Porque al bloquear la mayoría de los anuncios, revelas poco sobre tus preferencias al sistema. Si, eventualmente, decides hacer clic en un anuncio específico, esa acción se vuelve excepcionalmente valiosa para la plataforma y los anunciantes, ya que proporciona información valiosa sobre tus intereses.

Por otro lado, el ofuscador opera de manera diferente. Al utilizar técnicas de ofuscación, un usuario podría hacer clic en todos los anuncios sin importar su contenido y obviamente sin afectar en su experiencia de navegabilidad. En este caso, el valor de los datos generados por esos clics se reduce a prácticamente cero. Esto se debe a que, al hacer clic indiscriminadamente en todos los anuncios, el usuario no revela preferencias claras ni intereses específicos. Los anunciantes y las plataformas no pueden extraer información valiosa sobre ese usuario ni segmentarlo de manera efectiva, ya que su comportamiento sugiere que le interesa todo por igual. Y, además, esos clics falsos son un gasto para los anunciantes. Por lo que esta técnica tiene, adicionalmente, un componente más combativo y menos pasivo que el bloqueador de anuncios.

Otro aspecto crucial que subyace en la hipocresía del marketing online se vincula estrechamente con la premisa falsa que establece que los usuarios anhelan y esperan con entusiasmo la presentación de contenido personalizado, mayormente traducido en la forma de anuncios publicitarios. En este contexto, el término "contenido" se convierte en un eufemismo que encubre la verdadera naturaleza de estos elementos, que no son más que estrategias persuasivas con el fin de incentivar la compra de productos o servicios específicos.

La suposición de que los usuarios desean activamente contenido personalizado revela una desconexión entre las percepciones de los profesionales del marketing y las preferencias reales de la audiencia. En una reflexión más profunda, es plausible argumentar que la mayoría de los usuarios, al contemplar la verdadera naturaleza de los anuncios personalizados, preferirían prescindir de ellos. La razón subyacente es clara: la personalización excesiva puede percibirse como intrusiva y, paradójicamente, disminuir el interés del usuario en los productos o servicios promocionados. O a su vez, aunque no se perciba como intrusiva, el usuario probablemente no necesita en primera instancia ese producto o servicio publicitado pero les crea esa necesidad. Necesidad que sería mucho más difícil de crear si esos anuncios no estuvieran tan segmentados y personalizados (más sobre este punto en adelante).

Esta contradicción plantea interrogantes acerca de la ética del marketing personalizado. ¿Hasta qué punto es aceptable asumir que los usuarios desean de manera inherente este tipo de contenido? ¿O más bien, se trata de una imposición de preferencias que, si se diera a los usuarios la opción de elegir, serían rechazadas en favor de una experiencia menos invasiva?

La discrepancia entre la supuesta expectativa del usuario y sus verdaderas inclinaciones crea un panorama de marketing online basado en premisas cuestionables. La reflexión sobre la autenticidad de estas prácticas es esencial para una industria que busca establecer relaciones más genuinas con su audiencia, en lugar de perpetuar la paradoja de ofrecer lo que el usuario aparentemente desea, pero que en realidad podría preferir evitar.

En el intrincado mundo del marketing digital, la paradoja alcanza su máxima expresión en la práctica del SEO, una disciplina que, en teoría, aboga fervientemente por la creación de contenido de calidad para atraer a los usuarios. Sin embargo, la cruda realidad revela una verdad incómoda: los equipos de marketing, lejos de ser impulsados por la noble búsqueda de la excelencia, encuentran sus incentivos más alineados con la producción masiva que con la calidad intrínseca.

Antaño, este fenómeno se manifestaba a través de una legión de becarios, pero en la era actual, la inteligencia artificial ha tomado las riendas de esta paradoja, proporcionando a los marketineros un arsenal de herramientas capaces de generar contenido en masa, desprovisto de cualquier atisbo de valor sustancial. Este enigma se convierte en un rompecabezas cibernético donde la cantidad prevalece sobre la calidad, desafiando la premisa fundamental del SEO.

Inundar internet con este diluvio de contenido carente de valor se erige como una contradicción palpable. Mientras el discurso proclama la relevancia y la autenticidad como pilares fundamentales, la práctica se ve empañada por la vorágine de información insustancial. La disonancia se manifiesta en el hecho de que, si bien los marketineros buscan captar la atención en la vastedad digital, la propia esencia de su contribución a menudo se desvanece en la abrumadora marea de contenido intrascendente.

Este dilema, que se enraíza en la dicotomía entre la calidad y la cantidad, arroja luz sobre la compleja relación que los marketineros mantienen con las estrategias de SEO. Navegar en este mar de paradojas se convierte en un desafío constante, donde la aparente contradicción entre la creación de contenido significativo y la producción desenfrenada plantea preguntas incisivas sobre la integridad del marketing digital y la ética inherente a sus prácticas.

Los marketineros se ven atrapados en un juego de malabares, tratando de equilibrar las demandas del algoritmo con la imperativa necesidad de ofrecer un valor auténtico a una audiencia cada vez más exigente.

Como antes se mencionaba de pasada, y ahora profundizo, sí, el marketing y los anuncios crean necesidades, no las despiertan. La creencia arraigada en muchas instituciones educativas de que el marketing simplemente despierta necesidades preexistentes en lugar de generarlas, y así lo continúan enseñando a universitarios, constituye un falso axioma que merece una revisión crítica. Este postulado, aunque puede haber sido útil en el pasado para contextualizar el papel del marketing, se enfrenta a desafíos significativos cuando se consideran teorías más amplias sobre las necesidades humanas, como la pirámide de Maslow y enfoques contemporáneos.

En primer lugar, la idea de que el marketing solo despierta necesidades presupone que estas ya existen de manera intrínseca en los individuos. Sin embargo, teorías psicológicas y sociológicas sugieren que las necesidades humanas son moldeadas y ampliamente influenciadas por factores culturales, sociales y ambientales. Las aspiraciones, deseos y necesidades pueden ser generados o intensificados por las fuerzas externas, entre las cuales el marketing desempeña un papel destacado.

La pirámide de Maslow, por ejemplo, propone una jerarquía de necesidades que va más allá de las básicas como comer y seguridad, abarcando dimensiones emocionales y psicológicas. Esta perspectiva implica que las necesidades pueden evolucionar y expandirse a medida que las personas buscan la autorrealización y el desarrollo personal. En este contexto, el marketing no solo despierta necesidades existentes, sino que también puede contribuir a la construcción y redefinición de aspiraciones individuales.

Asimismo, en la era contemporánea, donde la sociedad ha experimentado cambios significativos en la forma en que se perciben y satisfacen las necesidades, es esencial reconocer la capacidad del marketing para influir en la percepción de lo que es esencial. La creación de demanda a través de estrategias publicitarias, de marca y de posicionamiento en el mercado es una realidad que desafía la noción de que el marketing simplemente responde a necesidades preexistentes.

La afirmación de que el marketing solo despierta necesidades preexistentes no refleja plenamente la complejidad de las motivaciones humanas y la capacidad del marketing para influir en la percepción y la creación de demanda. Reconocer esta complejidad es esencial para una comprensión más precisa y honesta de la interacción entre el marketing y las necesidades humanas en la sociedad contemporánea.

Más claro y directo: no se trata de cuántas cajas de cereales se pueden vender a través de las redes sociales. Lo que importa es si las redes sociales cambian nuestra percepción de la realidad, la relación entre ricos y pobres, y nuestra idea de la felicidad. Las redes sociales influyen en algo más que el comportamiento del consumidor. Moldean nuestras opiniones y valores. La exposición constante a vidas seleccionadas puede distorsionar nuestro sentido de lo que es real. La brecha de riqueza se destaca, a menudo haciendo que el lujo parezca normal y accesible para todos. Nuestra idea de la felicidad cambia, vinculándose a los "me gusta" y la validación online. Entender estos impactos más profundos es crucial para evaluar el verdadero papel de las redes sociales en nuestras vidas.

La paradoja entre la protección de datos y las prácticas de usabilidad, a menudo respaldadas por dark patterns, revela una contradicción fundamental en la forma en que las empresas gestionan la información del usuario en el contexto de la GDPR y otras regulaciones similares. Si bien normativas como la GDPR buscan salvaguardar la privacidad del usuario y garantizar la transparencia en la recopilación de datos, la implementación de técnicas de usabilidad diseñadas para eludir la elección consciente del usuario genera interrogantes éticas sobre la verdadera naturaleza del consentimiento informado.

La utilización de dark patterns, que incluyen estrategias como la manipulación de la disposición de los elementos en una interfaz o el uso de lenguaje engañoso, mina la esencia misma de la transparencia y el control que las regulaciones de protección de datos pretenden proporcionar al usuario. A pesar de los esfuerzos normativos por empoderar al usuario, estas prácticas pueden resultar en una toma de decisiones sesgada, donde el consentimiento se obtiene más por confusión que por una elección consciente e informada.

Además, la paradoja se agudiza cuando se considera el destino final de los datos recopilados. La aparente protección y restricciones impuestas por las regulaciones son contrarrestadas por la práctica extendida de compartir información con numerosos socios y terceros, no necesariamente para mejorar la experiencia del usuario, sino para perfeccionar estrategias publicitarias y maximizar el rendimiento comercial.

Este fenómeno plantea cuestionamientos sobre la verdadera finalidad de las medidas de privacidad implementadas por las empresas. ¿Están realmente destinadas a proteger al usuario y garantizar la confidencialidad de sus datos, o son más bien una fachada que encubre la realidad de un modelo de negocios que depende en gran medida de la explotación de la información del usuario?

La reconciliación entre la protección de datos y las prácticas de usabilidad éticas representa un desafío crucial en la era digital. Es imperativo que las empresas aborden esta paradoja de manera transparente y ética, reconociendo la importancia de salvaguardar la privacidad del usuario y proporcionar experiencias online genuinamente respetuosas con sus preferencias y derechos.

"CONSUMO" DE CONTENIDO

En la era digital contemporánea, nos encontramos inmersos en un lenguaje que ha normalizado la idea de "consumir contenido" como si se tratara de un acto benigno y sin repercusiones. Sin embargo, rara vez nos detenemos a reflexionar sobre las connotaciones negativas que la palabra "consumir" lleva consigo. La asociación directa con destruir, carcomer y desgastar debería incitarnos a cuestionar la naturaleza de nuestra relación con la información que absorbemos diariamente.

Al utilizar la expresión "consumir contenido", estamos inadvertidamente aceptando una perspectiva pasiva y desconsiderada hacia la información que consumimos. Esta actitud, lejos de fomentar un entendimiento crítico, perpetúa la idea de que el conocimiento es simplemente un recurso más, listo para ser consumido y desechado sin mayor reflexión. Tal visión simplista de la información no solo minimiza su valor intrínseco, sino que también perpetúa una mentalidad de desperdicio intelectual.

En sintonía con esta forma superficial de interactuar con la información, emerge una preocupante tendencia: la reproducción de contenido a velocidades superiores a la normal. Un ejemplo claro de esto es la práctica de escuchar mensajes de voz en aplicaciones como WhatsApp a una velocidad acelerada, a menudo a 1,5x. Esta práctica, aparentemente inofensiva, refleja una urgencia desmedida por consumir información en el menor tiempo posible, despreciando la calidad y profundidad del contenido.

La velocidad a la que absorbemos información tiene consecuencias significativas en nuestra capacidad para procesarla de manera efectiva. La vorágine de datos acelerados compromete la comprensión, la reflexión y, en última instancia, la retención de conocimiento. Nos vemos arrastrados por una carrera frenética hacia el siguiente fragmento de información, perdiendo la oportunidad de sumergirnos en el significado subyacente y las implicaciones de lo que consumimos.

Es una práctica tan arraigada, tan aparentemente natural, que pocas veces nos detenemos a cuestionar su verdadera naturaleza o el profundo impacto que tiene en nuestro propio ser, un fenómeno sobre el que me encuentro reflexionando con creciente frecuencia. Este involucramiento no examinado, en su forma actual, suele quedarse muy lejos de una actividad deliberada y enriquecedora; más bien, con frecuencia se convierte en lo que podría describirse como una interacción frenética y superficial con un flujo interminable de información.

Otra tendencia creciente es saltar secciones de contenido que no capturan inmediatamente nuestra atención se ha convertido en una práctica generalizada, reflejando la urgencia insaciable por consumir solo lo que consideramos relevante o emocionante. Este fenómeno, análogo al "fast forward" en la reproducción de contenido, pone de manifiesto una actitud impulsiva y centrada en la gratificación instantánea, en detrimento de una experiencia más completa y enriquecedora.

Este modo tan extendido de consumir contenido está profundamente arraigado en un estilo cultural que Anna Kornbluh identifica como "inmediatez". Este estilo, que "aplana la mediación", se presenta como directo, espontáneo y libre, negando cualquier proceso intermedio. Es un mundo donde "el medio está ausente", donde el arte renuncia a su papel tradicional de mediador de significados en favor de la inmediatez, el literalismo y la inmersión. La inmediatez comprime el tiempo en un "presente vibrante" y, en el espacio, ofrece "el mundo al alcance de la mano", fomentando una psicología de auto-actualización. Económicamente, se manifiesta en la "economía de la prisa y el apremio", con envíos el mismo día y servicios bajo demanda que ocultan la "rueda de hámster humana" bajo la superficie de la conveniencia. Esta circulación incesante de imágenes e información, a menudo sin contexto ni significado, reconfigura nuestra cognición y nuestras emociones, llevando a lo que algunas personas experimentan como una "inundación interna" marcada por la "falta de restricción simbólica". En este clima, la función crítica de distinguir entre lo que es verdaderamente significativo y lo que es simple ruido se vuelve cada vez más ardua.

La capacidad de saltar rápidamente entre secciones de contenido se ha convertido en una herramienta omnipresente en plataformas digitales, desde vídeos online hasta artículos extensos. Este poder de decisión instantáneo puede parecer liberador, otorgándonos el control aparente sobre nuestro consumo de información. Sin embargo, esta libertad también lleva consigo el riesgo de privarnos de la oportunidad de explorar ideas que podrían enriquecer nuestra perspectiva o desafiar nuestras preconcepciones.

La práctica del "fast forward" refleja una mentalidad centrada en la gratificación instantánea, donde la impaciencia se convierte en la norma y la profundidad del contenido se sacrifica en aras de la eficiencia percibida. Esta actitud, si bien puede proporcionar un alivio momentáneo, contribuye a una cultura de consumo superficial, donde la relevancia inmediata toma precedencia sobre la comprensión profunda y reflexiva.

Al optar por saltar secciones de contenido que no nos resultan instantáneamente interesantes, corremos el riesgo de crear burbujas informativas autoimpuestas. Al limitarnos a lo que ya conocemos o nos atrae de inmediato, perpetuamos la estrechez de miras y perdemos la oportunidad de enfrentarnos a perspectivas diversas y desafiantes. Esta selección sesgada de información no solo refuerza nuestras propias creencias, sino que también perpetúa la fragmentación de la sociedad al evitar la confrontación constructiva de ideas divergentes.

Las plataformas como Blinkist, que condensan libros en resúmenes de 15 minutos de audio, encarnan una respuesta contemporánea a la demanda de eficiencia y consumo rápido en nuestra era digital. Si bien estas herramientas ofrecen la conveniencia de acceder a la esencia de una obra en poco tiempo, también plantean preguntas fundamentales sobre el valor intrínseco de la lectura, el análisis crítico y la experiencia completa de sumergirse en una obra literaria.

Blinkist y plataformas similares han ganado popularidad al presentarse como soluciones a la falta de tiempo en nuestras vidas agitadas. La premisa de proporcionar la esencia de un libro en un formato fácilmente digerible puede parecer atractiva para aquellos que desean adquirir conocimientos de manera rápida y sin el compromiso de enfrentarse al texto completo. Sin embargo, esta facilidad viene acompañada de ciertas concesiones, siendo la más evidente la pérdida de la profundidad y sutileza que caracterizan a muchas obras literarias.

La esencia de un libro no radica simplemente en la transmisión de información, sino en el proceso de inmersión en la narrativa, la exploración de los personajes, el desarrollo de la trama y la absorción de las ideas del autor. Al resumir un libro en 15 minutos de audio, se corre el riesgo de perder la riqueza de matices y el contexto que solo se revela a través de la experiencia completa de la lectura. Este enfoque simplificado puede conducir a interpretaciones superficiales y a la omisión de detalles cruciales que dan forma a la obra en su totalidad.

Además, la tendencia a recurrir a resúmenes de libros de manera sistemática plantea preguntas acerca de la percepción del conocimiento como una mercancía instantánea. Este enfoque transaccional hacia la información sugiere una visión utilitaria de la lectura, donde el objetivo es acumular datos en lugar de apreciar la riqueza de la experiencia intelectual y emocional que proporciona la interacción prolongada con una obra.

La práctica de escuchar audios de WhatsApp a una velocidad acelerada, como 1,5x, ilustra de manera impactante la dinámica contemporánea de la comunicación asíncrona, revelando un fenómeno más profundo relacionado con el nihilismo creciente en nuestra sociedad. Este comportamiento, aparentemente inofensivo, refleja una tendencia más amplia en la cual la atención y la conexión genuina se ven sacrificadas en aras de la eficiencia y la autorreferencia.

El acto de acelerar la velocidad de reproducción de audios de WhatsApp encapsula la búsqueda desenfrenada de optimización temporal en nuestras interacciones diarias. En un mundo saturado de información y estímulos, el tiempo se percibe como un recurso escaso, y esta práctica refleja la urgencia de abordar la comunicación de manera expedita, sin considerar las implicaciones más profundas de este enfoque.

Esta forma de comunicación asíncrona, caracterizada por la velocidad y la fragmentación, tiene un impacto directo en la calidad de nuestras relaciones interpersonales. Al centrarnos en expresarnos rápidamente y de manera eficiente, corremos el riesgo de trivializar el valor de la escucha activa y la atención plena. Este fenómeno apunta a un nihilismo emergente, donde la importancia de la conexión auténtica y la comprensión mutua se ve desplazada por la comodidad y la rapidez.

La preocupación por explicarnos a nosotros mismos y enviar mensajes de voz a nuestros amigos, mientras simultáneamente relegamos la tarea de escuchar y brindar atención plena, refleja una actitud narcisista en la cual la autoafirmación toma precedencia sobre la empatía y la reciprocidad. Este patrón de comunicación contribuye a la atomización de la sociedad, donde cada individuo se convierte en una isla de autoexpresión sin un genuino interés en comprender las perspectivas y experiencias de los demás.

El nihilismo subyacente en esta dinámica sugiere una falta de significado o propósito en las interacciones humanas, ya que se prioriza la expresión individual en detrimento de la conexión auténtica. La pérdida de la atención plena y la disposición a escuchar refuerza una cultura de superficialidad, donde las interacciones se vuelven transaccionales y se despojan de la riqueza emocional y cognitiva que surge de la verdadera comprensión mutua.

La extensión de esta práctica a otros formatos de entretenimiento, como series y películas, sugiere una desconexión entre la narrativa y el espectador. La velocidad acelerada compromete la capacidad de sumergirse en la trama, comprender el desarrollo de los personajes y apreciar la cinematografía de manera completa. La búsqueda constante de "más rápido" perpetúa una mentalidad de gratificación instantánea, desafiando la esencia misma de la narrativa y la apreciación artística.

Este enfoque acelerado también afecta nuestras interacciones personales. Al acostumbrarnos a consumir información a velocidades superiores, nuestra tolerancia a la espera y la contemplación se ve afectada. Este cambio de paradigma se traduce en un aumento de las tensiones en conversaciones en persona, donde la dinámica natural y el ritmo de la comunicación no pueden ser alterados para satisfacer nuestras expectativas de velocidad.

En el ámbito de las interacciones humanas, la incapacidad de "aumentar la velocidad" de las conversaciones reales genera frustración y desconexión. La impaciencia cultivada por la velocidad acelerada impacta negativamente la calidad de la comunicación, comprometiendo la escucha activa, la comprensión mutua y la capacidad de apreciar las sutilezas de la comunicación no verbal.

La proliferación de esta práctica destaca la necesidad crítica de preservar la calidad sobre la cantidad en nuestras experiencias diarias. Debemos resistir la tentación de acelerar constantemente nuestras interacciones y, en su lugar, abrazar la lentitud deliberada para redescubrir la profundidad y la riqueza que yacen en la paleta completa de la experiencia humana. La verdadera conexión y aprecio de la vida no pueden ser comprimidos en velocidades aceleradas; requieren tiempo, reflexión y compromiso genuino.

Siguiendo la perspicaz mirada de Slavoj Žižek, el filósofo moderno, se revela una paradoja palpable en la sociedad contemporánea: la demanda por el producto sin el componente esencial que lo define. Žižek ilustra esta contradicción con un ejemplo tan simple como revelador: queremos café, pero sin cafeína. Este símil se extiende de manera impactante al ámbito del contenido y las relaciones interpersonales, donde la paradoja se manifiesta de manera especialmente reveladora: queremos consumir series sin dedicar el esfuerzo a verdaderamente verlas, o anhelamos tener amigos sin otorgarles la atención y conexión emocional que merecen.

La metáfora del café sin cafeína refleja una búsqueda de gratificación instantánea y comodidad a expensas de la autenticidad y la experiencia genuina. Así, en el universo del entretenimiento, deseamos absorber las tramas de las series sin la dedicación reflexiva y el compromiso que estas demandan. Queremos el producto final, la narrativa concluida, sin pasar por el proceso de absorción y reflexión que realmente da vida a la experiencia televisiva.

De manera análoga, en el ámbito de las relaciones humanas, la paradoja se manifiesta con un deseo de tener amigos, pero sin invertir el tiempo y la atención necesarios para nutrir esas conexiones. Nos enfrentamos a una paradoja social donde anhelamos la compañía y la conexión interpersonal, pero al mismo tiempo, nos sumergimos en prácticas que socavan la profundidad y autenticidad de esas relaciones, como la tendencia a acelerar la velocidad de consumo de contenido o la distracción constante frente a nuestras interacciones cara a cara.

La reflexión de Žižek resuena como un llamado a la consciencia y a la autenticidad en nuestras elecciones y expectativas. La paradoja revela un anhelo contradictorio en la sociedad contemporánea, donde buscamos la esencia de las cosas sin comprometernos plenamente con el proceso que da vida a esas experiencias. La tarea que se nos presenta es encontrar un equilibrio entre la comodidad y la autenticidad, reconociendo que, al igual que el café sin cafeína, el producto final puede carecer de su esencia vital si no estamos dispuestos a abrazar la complejidad y el esfuerzo que implica realmente vivir y apreciar aquello que valoramos.

○ · ● · ○

REMOTE WORKERS VS OFFICE

La dicotomía entre trabajar en remoto o en una oficina ha sido objeto de debates intensos, pero en muchos casos, se ha centrado erróneamente en el "dónde" en lugar del "cómo". La discusión sobre la ubicación física de la actividad laboral tiende a eclipsar consideraciones fundamentales sobre la eficiencia, la productividad y el bienestar general de los trabajadores, elementos que son esenciales para definir la naturaleza del trabajo, independientemente del entorno físico.

The contemporary professional landscape presents a compelling and often vexing dichotomy between the traditional office and the burgeoning realm of remote work, a contrast that profoundly shapes our understanding of productivity, value, and personal well-being. This ongoing debate, far from being a mere logistical preference, reveals deeper currents in how we organize our collective efforts and how individuals seek meaning within their professional lives. What often appears as a simple choice between two locations for work is, in fact, a complex interplay of economic pressures, psychological biases, and evolving societal expectations.

La realidad es que la productividad y la calidad del trabajo no deberían depender exclusivamente de si un empleado está físicamente presente en una oficina o si realiza sus tareas desde la comodidad de su hogar. Más bien, la atención debería centrarse en cómo se lleva a cabo la labor, independientemente de la ubicación geográfica. La clave está en la implementación de prácticas laborales flexibles, la incorporación de tecnologías eficientes y la promoción de una cultura empresarial que valore el equilibrio entre la vida laboral y personal.

Podría observarse que el atractivo persistente de la oficina física, a pesar de sus ineficiencias frecuentemente citadas, está profundamente arraigado en una intrincada red de intereses corporativos e individuales. Para las empresas, el impulso por traer a las personas de vuelta a un lugar central responde en parte a una imperativa económica, ya que las compañías enfrentan la exposición de bienes raíces que se vuelven inútiles a medida que el trabajo remoto gana terreno, haciendo que las políticas de "regreso a la oficina" parezcan una especie de "gran propaganda para sostener el mercado inmobiliario comercial".

Más allá de esto, la oficina funciona como un escenario de visibilidad, donde "sentarse en el escritorio durante horas oscuras, después de que todos se han ido, es una buena imagen y demuestra a quienes están arriba que se está dispuesto a hacer sacrificios por la carrera profesional". Esta ocupación visible, en ausencia de métricas claras para el trabajo del conocimiento, a menudo se convierte en un sustituto de la productividad, una forma en la que las personas comunican su valor y compromiso, incluso cuando el trabajo en sí carece de profundidad.

Además, las estructuras corporativas tradicionales ofrecen "incentivos no monetarios" como la tan codiciada oficina privada en una esquina, que resulta más fácil de presumir que un aumento salarial y sirve como un potente motivador para el avance profesional. Sin embargo, paradójicamente, estos mismos entornos de oficina —especialmente los cada vez más comunes diseños de planta abierta— se describen como "un ataque absurdo a la concentración" y son increíblemente distractores, frustrando los esfuerzos por realizar un trabajo profundo y enfocado.

La comunicación incesante y desestructurada, conocida como el "flujo de trabajo tipo colmena hiperactiva", con sus constantes correos electrónicos, mensajes de chat y reuniones, surge como el modo de operación predeterminado, "espectacularmente ineficaz", que reduce el rendimiento cognitivo y genera una sensación de agotamiento debido al cambio constante de contexto.

El trabajo en remoto, cuando se gestiona de manera efectiva, puede ofrecer una mayor flexibilidad y autonomía a los empleados, lo que a su vez puede traducirse en una mayor satisfacción laboral y en la mejora del rendimiento.

Por otro lado, el trabajo en la oficina puede fomentar la colaboración, la comunicación directa y la construcción de relaciones interpersonales que son cruciales para el trabajo en equipo.

Por el contrario, el creciente atractivo de trabajar desde casa resalta una visión alternativa de la productividad y el bienestar. Estudios indican que las personas que trabajan en un modelo híbrido pueden ser "ocho por ciento más eficientes en sus tareas y tener tasas de rotación 35 por ciento menores que quienes trabajan en la oficina a tiempo completo", lo que sugiere que "más trabajo desde casa es mejor" para lograr el máximo rendimiento laboral. Este modelo remoto también ofrece beneficios económicos tangibles para las empresas al reducir los gastos generales asociados con servicios, mantenimiento y seguridad, costos que son asumidos en gran medida por quienes trabajan de forma remota. Para la persona, el trabajo a distancia puede abrir la puerta a una mayor autonomía y control, permitiendo una mentalidad de "empresa de una sola persona" en la que la vida personal es el eje alrededor del cual se construye la carrera, y no al revés. Este control ampliado facilita la realización de "trabajo profundo": tareas cognitivamente exigentes que requieren concentración sostenida y sin interrupciones. A diferencia del "flujo de trabajo tipo colmena hiperactiva" de la oficina, trabajar desde casa puede permitir "largos periodos de pensamiento ininterrumpido", lo que conduce a resultados de mayor calidad. Además, establecer límites claros al final de la jornada laboral cuando se trabaja a distancia, un "hábito de cierre", proporciona el descanso necesario para que la mente inconsciente procese problemas complejos y recargue la energía requerida para el trabajo profundo, mejorando así la claridad mental y el bienestar en general. Este enfoque puede reducir significativamente la "sobrecarga de comunicación" que genera malestar y disminuye la efectividad de las personas.

El debate debería evolucionar hacia la creación de entornos laborales que permitan la adaptabilidad y el equilibrio entre diferentes modalidades de trabajo. Esto implica la implementación de políticas que permitan a los empleados elegir el modelo que mejor se adapte a sus necesidades y circunstancias específicas, ya sea trabajo remoto, en la oficina o una combinación de ambos.

En lugar de enfocarnos únicamente en la locación física del trabajo, es vital considerar la adopción de prácticas laborales ágiles que se centren en resultados y en el bienestar general de los empleados. Al hacerlo, podemos trascender la discusión superficial sobre dónde se lleva a cabo la actividad y, en cambio, construir un enfoque laboral que priorice la eficiencia, la colaboración y el bienestar en un mundo laboral cada vez más dinámico y diverso.

En el núcleo del candente debate entre el trabajo en remoto y la obligatoriedad de asistir a la oficina, surge una cuestión subyacente que, con frecuencia, queda relegada a un segundo plano: la disparidad en las condiciones que cada individuo enfrenta en su entorno doméstico. Este aspecto fundamental, muchas veces pasado por alto, es crucial para comprender que el enfrentamiento no se reduce a una simple dicotomía entre el hogar y el lugar de trabajo, sino más bien a la evaluación individualizada de las circunstancias de cada trabajador.

En este sentido, es imperativo reconocer que la capacidad de desempeñarse de manera efectiva en un entorno remoto varía considerablemente entre los empleados. Factores como el espacio disponible en el hogar, la presencia de distracciones, la calidad de la conexión a internet y la disponibilidad de herramientas tecnológicas adecuadas divergen de manera significativa de una persona a otra. Mientras que algunos disfrutan de la comodidad de un espacio bien equipado y propicio para la concentración, otros se ven limitados por condiciones menos idóneas que impactan negativamente en su productividad y bienestar general.

Este desequilibrio en las condiciones domésticas contribuye a desdibujar las líneas del debate, desafiando la noción simplista de "casa versus trabajo". La realidad es que la elección entre trabajar desde casa o acudir a la oficina no puede ser abordada de manera universal, ya que cada empleado se encuentra inmerso en una realidad única. Mientras que para algunos el trabajo remoto puede significar un aumento en la calidad de vida y la flexibilidad, para otros podría representar una fuente de estrés adicional debido a las limitaciones de su entorno doméstico.

Abogar por la equidad en este debate implica reconocer la diversidad de circunstancias individuales y abordar las desigualdades que surgen en el contexto del trabajo en remoto. Esto no solo implica considerar políticas organizativas más flexibles, sino también garantizar que los empleados tengan acceso a recursos y apoyos necesarios para optimizar su desempeño, independientemente de su ubicación física. Solo al adoptar un enfoque integral y personalizado podemos aspirar a un debate más justo y equitativo sobre el futuro del trabajo, que tenga en cuenta las complejidades y realidades únicas de cada empleado.

La tensión palpable entre las prácticas tradicionales de gestión de equipos como la cultura de gestión basada en la presencia física, simbolizada por la noción del "presencialismo", resalta una profunda discrepancia en las filosofías que sustentan el liderazgo organizacional. La tendencia tradicional hacia la valoración de la presencia en la oficina plantea interrogantes sobre la eficacia real de tales enfoques.

En el paradigma de gestión tradicional, la presencia física en la oficina se ha considerado un indicador directo de compromiso y productividad. Los líderes, al pasear por los pasillos y visualizar a sus empleados en sus escritorios, han asociado este nivel de visibilidad con un control efectivo y la capacidad de mantener una vigilancia constante sobre las operaciones. Sin embargo, este enfoque arraigado en la presencialidad puede pasar por alto las cambiantes dinámicas del entorno laboral moderno, caracterizado por la globalización, la tecnología avanzada y la creciente importancia del equilibrio entre vida laboral y personal.

Por otro lado, la gestión basada en el presencialismo podría interpretarse como una respuesta a la incertidumbre generada por la descentralización del trabajo, especialmente con la creciente adopción del teletrabajo. En un intento de recuperar el control y mantener la cohesión del equipo, algunos líderes pueden percibir la necesidad de supervisar directamente a sus empleados en la oficina. Sin embargo, este enfoque puede resultar contraproducente al desincentivar la autonomía, la creatividad y la innovación, aspectos cruciales en entornos laborales modernos.

La clave para superar esta tensión reside en la adopción de enfoques de gestión más flexibles y adaptativos. La capacidad de liderar equipos efectivamente va más allá de la presencia física y requiere una comprensión más profunda de las habilidades, motivaciones y desafíos individuales de los empleados. La tecnología, en lugar de ser vista como una amenaza, puede ser aprovechada para facilitar la comunicación y el trabajo colaborativo, independientemente de la ubicación física.

Justamente son las posiciones de middle management o management las más penalizadas por el trabajo en remoto ya que su razón de ser, se basa en ver y ser vistos.

El éxito en la gestión de equipos radica en encontrar un equilibrio entre la confianza en la autonomía de los empleados y la necesidad de una supervisión estratégica. La gestión basada en resultados, en lugar de la mera presencia física, puede fomentar un entorno laboral más dinámico, inclusivo y orientado hacia el logro de objetivos compartidos. La superación de la tensión entre la gestión tradicional y el presencialismo requiere una mentalidad abierta y la disposición de adaptarse a un panorama laboral en constante evolución.

El modelo híbrido de trabajo, que combina la flexibilidad del teletrabajo con la presencia ocasional en la oficina, si bien presenta numerosas ventajas, no está exento de desafíos significativos, suscitando insatisfacción tanto entre empleadores como entre trabajadores. Esta ambivalencia se manifiesta en la necesidad constante de los empleados de coordinar su presencia en la oficina y renunciar, en parte, a las comodidades del trabajo remoto. Para los empleadores, la persistencia de costos asociados al mantenimiento de espacios de oficina y la gestión de equipos dispersos plantea una serie de complicaciones operativas.

Desde la perspectiva de los trabajadores, el modelo híbrido exige una planificación más rigurosa y la adaptación a un equilibrio delicado entre la vida laboral y personal. La necesidad de organizar desplazamientos a la oficina implica la pérdida de la flexibilidad total ofrecida por el trabajo remoto, generando, en algunos casos, tensiones adicionales en la gestión del tiempo y la conciliación de responsabilidades familiares o personales.

Por otro lado, los empleadores se enfrentan al desafío de sostener costos relacionados con el mantenimiento de instalaciones físicas, como el alquiler de oficinas. Esta duplicidad de gastos puede generar cuestionamientos sobre la rentabilidad de mantener una infraestructura de oficina tradicional, especialmente si la mayoría de los empleados opta por el trabajo remoto. Además, la gestión de equipos dispersos geográficamente puede volverse más compleja, con la necesidad de implementar estrategias efectivas de comunicación y coordinación para mantener la cohesión del equipo.

La insatisfacción tanto de empleadores como de trabajadores destaca la urgencia de explorar modelos alternativos que puedan abordar estas preocupaciones. La búsqueda de soluciones podría involucrar la implementación de políticas más flexibles, la reevaluación de la necesidad de una presencia física constante y la adopción de tecnologías que faciliten la colaboración remota. Asimismo, podría considerarse la redefinición de los espacios de oficina, transformándolos en centros de colaboración y encuentro ocasional, en lugar de entornos de trabajo diario.

Una táctica insidiosa de las empresas para "obligar" a las personas a renunciar en lugar de despedirlas, con los costos que esto conlleva, es cambiar el mandato para trabajar en la oficina en lugar de permitir el trabajo remoto o híbrido. Esta estrategia aprovecha la interrupción causada por la alteración de los arreglos laborales, particularmente para los empleados que se han adaptado o han buscado específicamente posiciones remotas o híbridas. Al exigir repentinamente la asistencia en persona, la empresa crea un escenario en el que los empleados enfrentan cambios significativos en su estilo de vida, tiempos de desplazamiento aumentados y posibles desafíos logísticos, como los arreglos de cuidado infantil. Esto puede generar un gran estrés y descontento, empujando a los empleados a considerar la renuncia como una opción preferible a soportar estas nuevas y desfavorables condiciones.

Las tácticas que cruzan la línea hacia el acoso laboral incluyen aquellas que deliberadamente crean un ambiente de trabajo hostil o insostenible para coaccionar a los empleados a renunciar. Por ejemplo, imponer políticas de asistencia excesivamente estrictas con un aviso mínimo, señalar a los trabajadores remotos con evaluaciones de desempeño negativas a pesar de su trabajo satisfactorio previo, o excluir sistemáticamente a estos empleados de reuniones y comunicaciones importantes puede considerarse acoso laboral. Además, si la empresa comienza a microgestionar excesivamente a los trabajadores remotos que previamente eran autónomos, criticar injustamente su trabajo o imponer medidas punitivas por infracciones menores, contribuye a un ambiente de trabajo tóxico.

El acoso laboral a menudo implica acciones dirigidas y sostenidas destinadas a humillar, aislar o intimidar al empleado. Si el cambio a trabajo obligatorio en la oficina se combina con tales tácticas, probablemente cruza la línea de una decisión empresarial a acoso. Por ejemplo, si los trabajadores remotos son despreciados en reuniones públicas, asignados a tareas insignificantes e irrelevantes para sus roles o sometidos a una vigilancia constante y acusaciones infundadas, estas acciones constituyen acoso laboral.

La distinción radica en la intención y la manera de implementación. Si el cambio a trabajo en la oficina es parte de una estrategia empresarial más amplia, transparente, comunicada claramente y aplicada de manera justa a todos, podría ser una decisión empresarial difícil pero legítima. Sin embargo, si se aplica selectivamente, acompañado de acciones adicionales destinadas a presionar a empleados específicos para que se vayan, se convierte en una práctica coercitiva y poco ética. Por lo tanto, aunque la táctica de cambiar los mandatos laborales puede ser un área gris, cruza hacia el acoso laboral cuando incluye elementos de comportamiento dirigido, sostenido y dañino diseñado para forzar renuncias.

Encontrar un equilibrio entre los intereses de los empleadores y las expectativas de los trabajadores en el modelo híbrido implica una revisión profunda de las políticas organizativas y la disposición a abrazar la innovación en la forma en que concebimos y gestionamos el trabajo. Solo a través de una adaptación consciente y proactiva a estas realidades cambiantes, las empresas podrán aprovechar al máximo los beneficios del modelo híbrido, minimizando las tensiones inherentes y fomentando un entorno laboral más armonioso y eficiente.

La elección entre trabajar desde casa y hacerlo en la oficina revela la lucha continua por definir la naturaleza misma del trabajo moderno. Este dilema nos invita a examinar críticamente la arbitrariedad detrás de la manera en que actualmente trabajamos y a preguntarnos si estamos optimizando realmente el bienestar humano genuino, o simplemente perpetuando una "tragedia de los comunes" donde la conveniencia individual conduce a la ineficiencia y el malestar colectivos. Para lograr un verdadero avance, quizá debamos desplazar el enfoque del debate sobre la ubicación y centrarnos en rediseñar de manera fundamental los flujos de trabajo, teniendo en cuenta la "teoría del capital de la atención", priorizando enfoques estructurados que eviten los problemas de la comunicación constante y valorando el resultado intencionado por encima de la actividad performativa, independientemente de dónde se realice el trabajo.

$$\circ \cdot \bullet \cdot \circ$$

SOCIAL MEDIA YA NO ES 'SOCIAL'

La transformación del canal de redes sociales de un espacio genuinamente social a uno cada vez menos centrado en las conexiones personales y más orientado hacia influencers y desconocidos revela una evolución significativa en la dinámica de estos plataformas. En sus inicios, las redes sociales eran espacios diseñados para conectar a personas, permitiéndoles seguir y participar en la vida de sus amigos, familiares y conocidos. Sin embargo, a medida que estas plataformas han evolucionado, la dinámica ha cambiado sustancialmente, dando paso a una creciente prominencia de influencers y contenido generado por desconocidos.

Uno de los cambios más notables ha sido la transición de las conexiones personales a la búsqueda de entretenimiento a través de figuras públicas y creadores de contenido. El contenido de amigos y familiares ha sido desplazado por la atracción de historias fascinantes y estilos de vida aspiracionales presentados por influencers. Este cambio refleja una tendencia hacia la preferencia de contenido atractivo y entretenido, aunque sea generado por personas que no forman parte del círculo íntimo del usuario.

Esta evolución plantea preguntas sobre la verdadera naturaleza de la interacción social en las redes sociales modernas. ¿Hasta qué punto estas plataformas cumplen con su propósito original de fortalecer conexiones personales cuando gran parte del contenido consumido proviene de individuos ajenos a la esfera personal del usuario? Además, ¿cómo afecta esto a la percepción de la realidad y la autenticidad, dado que el contenido generado por influencers a menudo presenta una versión cuidadosamente seleccionada de la vida?

La creciente importancia de influencers también ha dado lugar a dinámicas comerciales complejas. Los influencers, ahora considerados como actores clave en la estrategia de marketing, han transformado las redes sociales en espacios donde la publicidad y la promoción de productos son omnipresentes. La línea entre el contenido auténtico y el patrocinado a menudo se vuelve borrosa, generando desafíos en la confianza y la transparencia.

La incorporación de amigos generados por inteligencia artificial en plataformas como Snapchat introduce una capa adicional de complejidad y reflexión sobre la naturaleza de las interacciones sociales en el mundo digital. Esta práctica, a menudo utilizada para aumentar la actividad y la participación del usuario, plantea interrogantes sobre la autenticidad de las conexiones virtuales y cómo estas afectan la percepción del usuario sobre sus relaciones online.

La inclusión de amigos generados por inteligencia artificial puede ofrecer una experiencia más dinámica y personalizada al usuario, ya que estos "amigos" están diseñados para interactuar y compartir contenido de manera automatizada. Sin embargo, también plantea desafíos éticos y psicológicos. ¿Hasta qué punto es saludable para la psique del usuario interactuar con perfiles generados artificialmente y cómo esto influye en su percepción de las relaciones online?

Además, esta práctica subraya la creciente intersección entre la inteligencia artificial y la vida social online. Mientras que la automatización puede mejorar la personalización y la participación, también es esencial considerar cómo estas interacciones pueden influir en la comprensión del usuario sobre la autenticidad y la integridad de sus conexiones online.

La presencia de amigos generados por inteligencia artificial plantea también preguntas sobre la transparencia por parte de las plataformas. ¿Es claro para los usuarios que están interactuando con perfiles automatizados y no con individuos reales? La falta de claridad en este aspecto puede afectar la confianza del usuario y generar preocupaciones sobre la manipulación de la experiencia online.

La evolución del canal de social media hacia una plataforma que refleja las dinámicas de un canal de televisión tradicional, con una abundancia de anuncios y contenido diseñado para vender productos, ilustra una transformación significativa en el propósito y la naturaleza de estas plataformas. Este cambio, impulsado en gran medida por la creciente comercialización de las redes sociales, plantea preguntas importantes sobre la autenticidad del contenido, la experiencia del usuario y el equilibrio entre la conexión social y los intereses comerciales.

En la actualidad, muchas plataformas de social media se han convertido en espacios saturados de publicidad, donde los anuncios tradicionales se mezclan con el contenido de influencers. La línea entre el contenido auténtico y las estrategias de marketing se vuelve cada vez más difusa, lo que puede generar una sensación de desconfianza entre los usuarios. La confusión sobre si una publicación es genuina o está respaldada por motivos comerciales puede afectar la percepción del usuario sobre la sinceridad de las interacciones online.

La presencia abrumadora de contenido centrado en la venta de productos también plantea la cuestión de cómo estas plataformas están influyendo en la experiencia del usuario. ¿Se están convirtiendo las redes sociales en canales de venta disfrazados de espacios sociales, y cómo esto afecta la dinámica de la conexión humana online? La saturación de contenido promocional puede restar valor a la autenticidad y la diversidad de las interacciones en redes sociales.

La aparición de los live shoppings, como una evolución de la teletienda, destaca la continua transformación del espacio digital hacia estrategias de venta más interactivas y en tiempo real. Estas transmisiones en vivo, que combinan entretenimiento y comercio, comparten similitudes notables con la teletienda clásica, pero también presentan características únicas propias de la era digital.

Al igual que la teletienda, los live shoppings buscan cautivar a la audiencia a través de presentaciones en tiempo real, demostraciones de productos y ofertas exclusivas. La interactividad es clave, ya que los espectadores pueden participar haciendo preguntas, expresando opiniones y, lo más importante, realizando compras de manera instantánea mientras siguen la transmisión en vivo.

Paradójicamente, se presentan los live shoppings como uno de los formatos más revolucionarios cuando no es más que justamente eso, la teletienda con filtros.

El siguiente paso en la evolución del contenido digital podría ser la generación por inteligencia artificial (IA), lo que plantea escenarios fascinantes y, al mismo tiempo, desafíos éticos y creativos. La inteligencia artificial ha avanzado significativamente en la creación de contenido, desde la generación de texto hasta la producción de imágenes y videos. Si las plataformas ya nos encaminaron a ver más contenido de desconocidos e influencers, ¿qué les impide encaminarnos a ver contenido generado por inteligencia artificial si, en base a sus métricas, es lo necesario para enganchar al usuario?

El panorama digital, que alguna vez se imaginó como una frontera abierta para la conexión humana y el intercambio de información, ha evolucionado hacia un entramado complejo donde las redes sociales y la inteligencia artificial están profundamente, y en muchos casos inquietantemente, entrelazadas. Esta relación en constante desarrollo no es simplemente un avance tecnológico sino una transformación profunda de cómo interactuamos, consumimos y percibimos la realidad online, creando un nuevo entorno que es a la vez hiperconectado e impersonal.

Puede observarse el auge de lo que a menudo se denomina "basura de IA", una enorme ola de contenido generado por inteligencia artificial de baja calidad y bajo esfuerzo que inunda prácticamente cada rincón de internet, desde blogs y reseñas de productos hasta videos en YouTube y publicaciones en LinkedIn. Este contenido, aunque barato y rápido de producir, con frecuencia carece de matices, voz única y personalidad distinta, elementos que tradicionalmente definen la expresión humana, despojando al contenido digital de ese valor intrínseco que proviene de la conexión genuina. De hecho, estudios sugieren que más de la mitad del contenido nuevo publicado online ya incorpora lenguaje generado por IA, una cifra que se espera siga aumentando, conduciendo a un estado de contaminación informativa total caracterizado por material reciclado, regurgitado y en gran medida carente de alma. La visión es la de un internet que se va aplanando, donde los mismos temas y contenidos circulan sin cesar, dificultando cada vez más distinguir lo auténtico de lo artificial.

Esta proliferación se extiende dramáticamente al ámbito de los influencers virtuales, robots generados por computadora como Lil Miquela, Bermuda y Emma, quienes han acumulado millones de seguidores compartiendo selfies, videos divertidos y contenido típico adolescente. Estas creaciones digitales se están volviendo tan realistas que muchas personas no logran distinguirlas de seres humanos reales, lo que lleva a interacciones masivas y apoyo a cuentas que, literalmente, fueron "impresas con software". Este fenómeno pone de manifiesto el enfoque de "simular para triunfar", donde la ilusión de éxito puede cultivarse fácilmente mediante las redes sociales, transformando a las personas digitales en emprendimientos altamente rentables, que generan millones a través de publicaciones patrocinadas, conciertos e incluso videojuegos. El éxito de estas entidades virtuales plantea profundas preguntas sobre la naturaleza de la realidad y la autenticidad en un mundo donde la IA puede replicar e incluso superar el contenido generado por personas a una escala exponencial.

Los algoritmos que gobiernan estas plataformas desempeñan un papel crucial, aunque con frecuencia oculto, en esta dinámica que evoluciona constantemente. Las redes sociales prosperan gracias a la personalización, lo que significa mostrarte exactamente "lo que ya quieres ver y creer". Al recopilar una gran cantidad de datos sobre edad, género, ubicación, sesgos, preferencias y creencias, estos algoritmos crean secuencias de contenido altamente dirigidas que refuerzan los puntos de vista existentes, contribuyendo a una amplificación ideológica y una radicalización hacia los extremos, en lugar de fomentar una comprensión diversa. Este diseño, pensado para maximizar la interacción y la monetización, atrapa a las personas en silos algorítmicos, convirtiendo el consumo de contenido en una "competencia de popularidad algorítmica" donde el contenido creado por humanos a menudo lucha por obtener visibilidad. Las plataformas, en esencia, priorizan el desplazamiento continuo y la interacción, transformando la experiencia online en una "madriguera" de contenido personalizado.

Esto conduce a la inquietante proposición de la "Teoría del Internet Muerto", que sostiene que una parte cada vez mayor de la actividad web ya no es generada por seres humanos, sino por bots que interactúan con otros bots y por IA que crean contenido para otras IA. Estudios que sugieren que más del 50% del tráfico en internet es impulsado por bots subrayan un cambio profundo, indicando que la actividad online es cada vez más "no humana". Este fenómeno despoja al internet de su "alma, serendipia y humanidad", reemplazándolo con un flujo constante de ruido algorítmico. Al mismo tiempo, portales tradicionales como Google son vistos como "rotos", con resultados dominados por anuncios, contenido SEO y blogs escritos por IA, empujando a las personas hacia "jardines amurallados" como Reddit, TikTok y YouTube en busca de recomendaciones y conexiones humanas más confiables. Sin embargo, incluso estas plataformas están diseñadas para mantener a las personas atrapadas en sus ecosistemas, perpetuando el ciclo de consumo curado.

Las implicaciones para quienes crean contenido y para la estructura misma de internet son significativas. A medida que los sitios web tradicionales pierden tráfico e ingresos publicitarios, disminuye el incentivo para que personas produzcan contenido de calidad, amenazando con hacer que la red se sienta "vacía". Este cambio también alimenta una "cultura de la conveniencia", donde sistemas de chat con IA como ChatGPT ofrecen resúmenes instantáneos de información, eludiendo potencialmente la necesidad de investigar a fondo y de analizar múltiples fuentes. Si bien esto resulta eficiente, también genera dudas sobre la precisión de la información creada por IA, que puede "alucinar", inventar fuentes o citar datos erróneos con total confianza. Además, plantea una crisis existencial para industrias como el periodismo, ya que su contenido es absorbido y resumido por IA sin que el tráfico se dirija de regreso a las fuentes originales, dificultando la monetización.

En este paisaje cambiante, se proyecta que las redes sociales evolucionen hacia un modelo de "paga para jugar", donde quienes crean contenido y empresas tendrán que pagar para destacar entre el inmenso volumen de información generada por IA y llegar a sus audiencias. Sin embargo, también existe una contranarrativa optimista que sugiere que, a medida que prolifera la "basura" producida por IA, se revalorizará el contenido auténticamente humano, pues las personas buscarán cada vez más una conexión genuina. Esto exige centrarse en construir marcas personales sólidas y en incorporar la IA de manera estratégica, para potenciar —y no reemplazar— la creatividad y el alcance humanos.

La convergencia entre redes sociales e inteligencia artificial desafía nuestra comprensión de la interacción online, obligándonos a reflexionar sobre la naturaleza de la información, la autenticidad y la conexión humana en un mundo cada vez más automatizado y mediado por algoritmos.

SOBRE MODELOS DE NEGOCIO

L a hipocresía arraigada en el mundo del marketing, especialmente en el ámbito online y los modelos de negocio que lo sustentan, se manifiesta de manera insidiosa, y una de las máximas que encapsula esta contradicción es la conocida afirmación: "Si no pagas por el servicio o el producto, tú eres el servicio". Sin embargo, mi perspectiva va más allá, desentrañando la paradoja que subsiste incluso cuando se desembolsa por un servicio, tal como sucede con plataformas premium como YouTube.

A primera vista, la suscripción a un servicio de pago sugiere una transacción directa, donde el usuario obtiene un producto o servicio a cambio de una compensación financiera. No obstante, la realidad subyacente es que, independientemente de la inversión monetaria, se perpetúa una recolección constante de datos del usuario. Este hecho pone de manifiesto la falacia de la privacidad en el marketing online, revelando que la frontera entre ser consumidor y ser consumido es difusa, si no inexistente.

La ironía se intensifica al considerar plataformas como YouTube Premium, que prometen una experiencia sin anuncios y una mayor privacidad a cambio de una tarifa mensual. Aunque este modelo de negocio pretende ofrecer una fórmula más transparente, en la práctica, la empresa continúa extrayendo y utilizando información generada por el usuario. Este fenómeno revela una desconcertante contradicción entre la promesa de exclusividad y la persistente explotación de datos, subrayando la paradoja inherente a la relación entre consumidor y empresa.

En este contexto, la hipocresía se manifiesta en la discrepancia entre las declaraciones de las compañías, que aseguran salvaguardar la privacidad del usuario, y la realidad operativa, donde la información del consumidor se convierte en una mercancía valiosa. Esta dicotomía plantea preguntas fundamentales sobre la ética del marketing online y la necesidad apremiante de una mayor transparencia y regulación. La hipocresía en el marketing online no solo se erige como una contradicción intrínseca, sino también como un llamado urgente a repensar y reformar los modelos de negocio que subyacen en la era digital.

Parece que el único acto real de rebeldía de los usuarios, es no usar o no comprar el producto ya que el propio hecho de comprar genera un surplus a la tienda y plataforma con la que capitalizar y aprovechar esa información en el futuro.

La paradoja que emerge en el contexto actual de creciente sensibilidad hacia la sostenibilidad se vuelve aún más evidente con la proliferación de plataformas de comercio electrónico como Temu. A pesar de mi comprensión de las economías de escala y las tácticas empleadas por los gestores de comercio electrónico para convertir usuarios en compradores, encuentro, cuando menos, inverosímil la sostenibilidad de modelos de negocio como el de Temu. La agresividad de sus precios, como por ejemplo 1,9€ por unas gafas de sol, plantea interrogantes fundamentales sobre la viabilidad a largo plazo para los fabricantes, los trabajadores de las fábricas, el propio comercio electrónico y los múltiples medios de transporte necesarios para llevar los productos desde China hasta la puerta de mi casa.

En este escenario, el dilema se presenta en la aparente contradicción entre la oferta de productos a precios notablemente bajos y la aspiración generalizada hacia prácticas comerciales sostenibles. La discrepancia entre el costo aparente para el consumidor y el impacto real en términos de sostenibilidad ambiental, social y económica es desconcertante.

Desde la perspectiva del fabricante, la presión para mantener bajos los costos de producción y ajustarse a los márgenes impuestos por plataformas como Temu puede resultar insostenible a largo plazo. Las condiciones laborales y la compensación justa para los trabajadores en las fábricas también se vuelven áreas de preocupación, ya que los precios extremadamente bajos podrían implicar la explotación de mano de obra y condiciones de trabajo precarias.

Además, el transporte masivo de productos desde regiones distantes como China hasta el consumidor final añade otra capa de complejidad al desafío de la sostenibilidad. La huella ambiental generada por la cadena de suministro, que incluye múltiples etapas de transporte, contradice la creciente conciencia sobre la importancia de reducir la emisión de carbono y minimizar el impacto ambiental.

En este sentido, la paradoja de plataformas como Temu radica en la aparente contradicción entre la accesibilidad económica para el consumidor y la sostenibilidad a largo plazo. La reflexión crítica sobre este modelo de negocio se convierte en esencial en un contexto donde la conciencia ambiental y social está en alza, exigiendo un replanteamiento de las prácticas comerciales para alinearlas con valores sostenibles y éticos.

En este caso en concreto, no es la falta de intermediarios y el acceso directo a la fábrica lo que trae consigo Temu. Lo que trae consigo es el acceso directo al capitalismo, a la explotación de las personas en toda la cadena de valor.

Si no es suficientemente palpable en el precio ridículo de un producto tanto que genere en una disonancia con el consumidor, no sé qué más pruebas necesitan los consumidores… a no ser que, luego, gracias a reciclar de forma personal y otras actividades de greenwashing se sientan bien con ellos mismos.

La paradoja de la sostenibilidad se expande incluso a plataformas menos agresivas, como Amazon, donde la comodidad ofrecida por servicios como Amazon Prime puede ocultar un impacto ambiental y social significativo. La frecuencia de nuestras compras impulsada por la inmediatez de la entrega Prime contribuye a un desperdicio mayor de recursos de lo que a menudo reconocemos, contrarrestando las acciones personales que creemos estar tomando para enmendar este impacto.

Aunque Amazon ha establecido estándares en términos de eficiencia y velocidad en la entrega, el precio de esta eficiencia a menudo se traduce en una mayor generación de residuos y emisiones de carbono. Los envíos rápidos y frecuentes contribuyen al aumento de la huella de carbono asociada con el transporte de productos desde los almacenes hasta la puerta de los consumidores, exacerbando los desafíos medioambientales en un momento en que la sostenibilidad es una prioridad global.

Además, las controversias que han surgido en relación con las condiciones laborales de los empleados de almacenes y transportistas de Amazon plantean interrogantes éticos sobre la equidad y la justicia social en este modelo de negocio. La noticia de trabajadores que se ven obligados a utilizar pañales debido a la presión para cumplir con los exigentes plazos de entrega resalta una contradicción alarmante entre la eficiencia comercial y el respeto por los derechos y la dignidad de los trabajadores.

La paradoja de Amazon y plataformas similares resalta la necesidad urgente de repensar nuestras elecciones como consumidores y cuestionar la sostenibilidad real de las comodidades que valoramos. La responsabilidad recae tanto en las empresas como en los consumidores para abogar por prácticas comerciales más éticas y sostenibles. La conciencia crítica y la demanda de transparencia son pasos fundamentales hacia la construcción de un modelo de consumo que no solo sea conveniente, sino también respetuoso con el medio ambiente y socialmente justo.

El modelo de suscripción, aunque no es inherentemente malo, puede generar descontento entre los usuarios, especialmente cuando se enfrentan a cambios en los costos o tarifas a lo largo del tiempo. La cuestión de si la empresa permitirá que los usuarios mantengan el mismo precio en el futuro, y cómo podría aumentar los precios, es una consideración válida.

En un contexto de inflación y costos crecientes, las empresas pueden enfrentar presiones económicas que las lleven a ajustar los precios de sus productos o servicios. Sin embargo, la transparencia y la comunicación son esenciales en este proceso. Si una empresa planea aumentar los precios en el futuro, es ético y beneficioso informar a los usuarios con anticipación y explicar las razones detrás de la decisión. La falta de transparencia o cambios abruptos pueden generar desconfianza y afectar negativamente la relación con los clientes.

Algunas técnicas que las empresas podrían utilizar para subir los precios en un modelo de suscripción incluyen aumentos moderados en el precio graduales y periódicos para ajustarse a los cambios en los costos operativos o introducción de nuevas características adicionales al servicio justificación para un aumento de precio.

Aunque el modelo de suscripción puede ser una estrategia efectiva para fidelizar a los usuarios, es crucial para las empresas mantener la confianza del cliente. Cualquier cambio en los términos del contrato, como un aumento de precio, debe ser comunicado de manera transparente y brindar a los usuarios la opción de ajustar o cancelar su suscripción si así lo desean.

Uno de los ejemplos más famosos sobre el abuso del dueño del servicio es el caso de John Deere.

John Deere y otras empresas de maquinaria agrícola han adoptado modelos de suscripción para el software utilizado en sus equipos. Aunque los agricultores compran físicamente la maquinaria, el software que controla sus funciones a menudo está sujeto a una suscripción anual. Esto plantea preocupaciones sobre la propiedad y control del usuario sobre la maquinaria que han comprado. Los agricultores han expresado su descontento al descubrir que, si no renuevan la suscripción, algunas funciones críticas de la maquinaria pueden volverse inaccesibles, limitando su capacidad para realizar tareas agrícolas fundamentales.

Una de las críticas al modelo de suscripción en plataformas de streaming es la falta de control que los usuarios tienen sobre el contenido al que acceden. Aunque estas plataformas ofrecen un amplio catálogo de series y películas, la disponibilidad y la permanencia de este contenido están sujetas a decisiones discrecionales de la plataforma, lo cual puede afectar la experiencia del usuario de diversas maneras como la censura de contenido.

Las plataformas de streaming pueden optar por censurar o eliminar contenido en respuesta a presiones externas, cambios en las normativas o políticas internas. Esto puede limitar la diversidad de opiniones y perspectivas, generando preocupaciones sobre la libertad de expresión y la capacidad de los usuarios para acceder a contenido sin restricciones.

También es habitual la descatalogación de películas o series. Aunque los usuarios se suscriben con la expectativa de acceder a un catálogo extenso, las plataformas pueden retirar películas o series sin previo aviso. Esto puede ser frustrante para los suscriptores que disfrutaban de ciertos títulos y que pueden sentir que su inversión en la suscripción ya no ofrece el mismo valor.

Las plataformas de streaming suelen tener acuerdos de licencia con los estudios y creadores de contenido. Cuando estos acuerdos expiran o no se renuevan, el contenido puede desaparecer de la plataforma. Los usuarios pueden perder el acceso a programas o películas que consideraban parte integral de la oferta de la plataforma y, peor aún, guionistas, directores y trabajadores involucrados, pueden perder una fuente de ingresos por decisión unilateral de la plataforma.

La falta de control sobre el catálogo de contenido suscita debates sobre la propiedad y accesibilidad del contenido en plataformas de suscripción. A medida que las plataformas compiten por obtener y retener derechos de transmisión exclusivos, los usuarios pueden sentirse limitados en su capacidad para acceder a su contenido favorito de manera constante.

Esta situación destaca la importancia de que las plataformas de streaming sean transparentes con sus usuarios acerca de los cambios en el catálogo y las razones detrás de las decisiones de censura o retirada de contenido. Asimismo, plantea la necesidad de que los consumidores consideren estas limitaciones al elegir sus servicios de suscripción y evalúen si los beneficios superan las posibles restricciones.

Una tendencia muy relevante en la sociedad contemporánea. Para desarrollar esta idea, es esencial explorar cómo la comodidad se ha convertido en un factor determinante en las decisiones de consumo y cómo esta preferencia por la conveniencia se extiende más allá de la esfera del entretenimiento digital.

En el corazón de esta teoría se encuentra la premisa de que la sociedad moderna valora la eficiencia y la simplificación de las experiencias. Las plataformas de streaming ofrecen a los usuarios la posibilidad de acceder a un vasto catálogo de contenido desde la comodidad de sus hogares, eliminando así las fricciones asociadas con actividades como ir al cine. La conveniencia se convierte en un activo tan valioso que, en muchos casos, supera incluso el valor intrínseco del contenido en sí mismo, como una película o una serie.

El cine, como ejemplo, representa una experiencia que, aunque única, puede percibirse como menos práctica en comparación con la comodidad de simplemente seleccionar una opción desde el sofá de casa. La rutina de salir de casa, comprar entradas, enfrentarse a horarios específicos y posiblemente lidiar con multitudes, se convierte en una serie de obstáculos que muchos usuarios prefieren evitar. En este contexto, la conveniencia se erige como un factor determinante que influye en la elección del consumidor.

Esta preferencia por la comodidad no se limita exclusivamente al ámbito del entretenimiento, sino que se expande a otras áreas de la vida cotidiana. Las experiencias online y offline que ofrecen una solución rápida y sin complicaciones son las que ganan terreno en la preferencia del usuario. Desde la compra de productos hasta la interacción con servicios, la facilidad de acceso y la reducción de barreras se han convertido en criterios fundamentales para evaluar el valor de cualquier oferta. O peor aún, comparamos todas las experiencias a través de la conveniencia y no del valor intrínseco de las mismas.

La conversación que sigue después del cine, ya sea durante el trayecto en coche de vuelta a casa o mientras se disfruta de unas bebidas en un bar, es lo que convierte la experiencia de visualización pasiva en una experiencia activa. La actividad cerebral y emocional que surge al compartir opiniones, reflexiones y emociones con otros espectadores transforma la experiencia de ver una película de una actividad pasiva a una participación.

Estas conversaciones no solo permiten que la audiencia procese y reflexione sobre lo que acaban de presenciar, sino que también enriquecen la experiencia al brindar diferentes perspectivas y puntos de vista. Se convierten en un medio para profundizar en la comprensión de la trama, los personajes y las temáticas de la película.

Esta interacción post-cine agrega un componente social y participativo al acto de ver películas, destacando que la experiencia cinematográfica no se limita a la pantalla, sino que se extiende a las interacciones humanas que surgen después, ampliando así el impacto y la riqueza de la experiencia cinematográfica.

Aspecto que no suele ocurrir en un 'Netflix & chill'.

Los usuarios, al experimentar la comodidad en una faceta de sus vidas, comienzan a esperar y valorar la misma facilidad en todas sus interacciones. Esto crea un ciclo en el que la sociedad demanda cada vez más soluciones que minimicen esfuerzos y maximicen la simplicidad, alimentando así una complacencia continua.

Lo que falta en todos los escenarios tecno-utópicos de acceso y elección es la realidad de los límites, ya sea en recursos, en el tiempo individual de las personas o en la capacidad de nuestro cerebro para procesar información más allá de cierta velocidad. En la medida en que el principio dominante de la cultura se inclina hacia el "más/y" (tantas opciones, tanta información, tanto entretenimiento), podría ser que esté afectando negativamente al cine o a la música, ya que su tendencia última se inclina hacia una especie de indiferencia.

En el deslumbrante panorama de posibilidades que las visiones tecno-utópicas pintan en términos de acceso ilimitado y elección sin restricciones, gracias a Netflix o Spotify, lo que a menudo se pasa por alto es la presencia innegable de limitaciones en la ecuación. Estas limitaciones, ya sea en términos de recursos finitos, la restricción temporal individual de cada persona o la capacidad cognitiva de nuestros cerebros para procesar información a determinada velocidad, son una realidad que no puede ser ignorada. El advenimiento del "más/y" como el principio cultural dominante, que se manifiesta en una proliferación vertiginosa de opciones, información y entretenimiento, plantea la pregunta de si esta acumulación constante de elementos está contribuyendo, de hecho, a la disolución del cine, la música o cualquier activo.

En un mundo saturado por el "más/y", la música, que una vez sirvió como un medio poderoso para expresar emociones y conectar a las personas a través de experiencias compartidas, corre el riesgo de perder su relevancia. La sobreabundancia de opciones y estímulos puede conducir a una forma de indiferencia hacia la obra cultural, donde la calidad y el significado se diluyen en un mar de opciones interminables. La tendencia hacia la indiferencia se manifiesta a medida que la sobreexposición a la variedad y la constante búsqueda de más opciones pueden llevar a una falta de compromiso profundo con la esencia y el impacto emocional.

En este contexto, la reflexión crítica sobre cómo el exceso de opciones y la avalancha de información están influyendo en nuestra relación con la música es esencial. ¿Estamos, de hecho, sacrificando la profundidad y la apreciación genuina en favor de la superficialidad de la abundancia? Reconocer los límites intrínsecos a nuestra capacidad de absorber y apreciar la música es el primer paso para restaurar su importancia y preservar su capacidad única para conectar y enriquecer nuestras vidas.

La perspectiva de Yannis Varoufakis, como se refleja en su libro "Tecnofeudalismo", destaca la naturaleza no neutral de los marketplaces como Amazon. Estos gigantes del comercio electrónico no solo ofrecen un espacio para que los vendedores ofrezcan sus productos, sino que también ejercen un poder significativo sobre las reglas del juego y la dinámica del mercado.

Los marketplaces, como Amazon, tienen una posición dominante que les otorga un control significativo sobre las reglas del mercado. Pueden modificar las tarifas, las políticas de envío y otros aspectos operativos, lo que afecta directamente a los vendedores que dependen de estas plataformas para llegar a los consumidores.

Al operar como un minorista por derecho propio, Amazon compite directamente con los vendedores independientes en su plataforma. Este conflicto de intereses puede dar lugar a prácticas comerciales cuestionables, como la preferencia de los productos de Amazon sobre los de terceros, y la obtención de datos de ventas de vendedores externos para informar sus propias estrategias.

Muchos vendedores dependen en gran medida de los marketplaces para llegar a una audiencia más amplia. Sin embargo, esta dependencia puede convertirse en una vulnerabilidad cuando las reglas del juego cambian o cuando los intereses del marketplace entran en conflicto con los de los vendedores.

Los marketplaces tienen acceso a una cantidad significativa de datos sobre las transacciones, comportamientos de compra y preferencias de los consumidores. Esta información puede ser utilizada estratégicamente por el marketplace para tomar decisiones de negocio y, en algunos casos, para desarrollar productos propios que compitan con los de los vendedores externos.

La noción de tecnofeudalismo sugiere una relación de poder desigual, donde los gigantes tecnológicos actúan como señores feudales que ejercen control sobre sus "súbditos" digitales. En este contexto, la crítica se centra en la falta de equidad y en la necesidad de establecer reglas más justas para proteger los intereses de los vendedores y preservar la competencia en el mercado.

El mundo del comercio electrónico, encabezado por plataformas como Shein, se encuentra en el epicentro de un dilema ético y empresarial que ha desencadenado una serie de acusaciones. Estas plataformas, en su búsqueda implacable de la última tendencia, han sido señaladas por plagios sistemáticos de diseños de ropa. Su modus operandi implica el monitoreo constante de las redes sociales para detectar tendencias emergentes y, en ocasiones, incluso apropiarse de las creaciones de diseñadores noveles que, lejos de recibir el reconocimiento merecido, ven sus ideas replicadas sin consentimiento.

El problema, en esencia, es triple y profundamente arraigado. En primer lugar, está el acto flagrante del plagio en sí mismo, una práctica que no solo socava la creatividad y la innovación en la industria de la moda, sino que también afecta negativamente a los diseñadores y artistas que ven sus trabajos usurpados sin compensación ni crédito. La falta de protección efectiva de los derechos de autor en este entorno digital ha permitido que el plagio florezca, erosionando la integridad del proceso creativo.

En segundo lugar, se destaca el impacto medioambiental negativo derivado de la actitud de "ultra fast fashion" adoptada por estas plataformas. El lanzamiento masivo de cientos de miles de productos y sus variaciones contribuye significativamente al problema del desperdicio en la industria de la moda. La producción rápida y desmesurada genera un exceso de inventario, con artículos que quedan obsoletos rápidamente, contribuyendo así a la cultura del descarte y a la saturación de los vertederos con prendas apenas utilizadas.

El tercer y quizás más preocupante aspecto de este problema es la tendencia a la adopción generalizada de prácticas similares por parte de otros actores del sector. La agresividad competitiva de plataformas como Shein, al movilizar a otros fabricantes para imitar sus tácticas, crea un círculo vicioso en el que la competencia se traduce en una carrera desenfrenada por replicar estrategias perjudiciales. Esta presión para mantenerse competitivo a menudo conduce a la adopción de prácticas poco éticas y sostenibles en el diseño, producción y comercialización de prendas de vestir.

La problemática en torno a las plataformas de comercio electrónico como Shein va más allá de la simple cuestión de plagio de diseño. Se trata de un fenómeno que abarca la falta de protección de los creadores, el impacto ambiental negativo del ultra fast fashion y la propagación de prácticas perjudiciales en toda la industria. Resolver este problema requiere un enfoque integral que aborde tanto las cuestiones éticas como las ambientales, reconociendo la interconexión de estos aspectos en la dinámica del mercado actual.

La reflexión sobre estas dinámicas destaca la importancia de examinar de cerca las prácticas de los marketplaces y abogar por regulaciones que promuevan la equidad, la transparencia y la competencia en el ecosistema digital.

Existen otros marketplaces como Fiverr, TaskRabbit y LinkedIn, donde el "producto" es la habilidad o el trabajo de las personas, que levantan una inquietud válida acerca de los posibles efectos en la precariedad laboral y las dinámicas de competencia desmedida.

En plataformas como Fiverr, donde los freelancers ofrecen sus servicios, la competencia puede ser feroz. La búsqueda constante de visibilidad y oportunidades puede llevar a la subasta de habilidades, con algunos trabajadores aceptando tarifas muy bajas para asegurarse de ganar proyectos. Esto puede contribuir a la precariedad laboral, ya que los ingresos pueden no ser sostenibles para muchos trabajadores independientes.

Los trabajadores en estas plataformas a menudo carecen de estabilidad laboral y beneficios tradicionales, como seguro de salud, vacaciones pagadas o jubilación. La flexibilidad ofrecida puede convertirse en una doble espada, ya que, aunque permite a los trabajadores establecer sus propios horarios, también puede dejarlos vulnerables a la inseguridad financiera.

En plataformas como LinkedIn, la construcción de la marca personal y la visibilidad profesional son fundamentales. Esto puede resultar en una presión constante para mantenerse competitivo y relevante, especialmente en entornos laborales que evolucionan rápidamente. La necesidad de autopromoción constante puede generar estrés y ansiedad.

Estas plataformas a menudo son ejemplos de la economía gig, donde los trabajadores realizan trabajos independientes a corto plazo. Si bien la gig economy ofrece flexibilidad, también puede llevar a la falta de seguridad laboral y a la ausencia de derechos y protecciones laborales.

La auto explotación resulta más eficiente que la alloexplotación debido a la ilusión engañosa de libertad que proporciona. Este concepto profundiza en el fenómeno donde los individuos participan voluntariamente en su propia explotación, a menudo bajo la apariencia de autonomía y elección. A diferencia de la alloexplotación, donde fuerzas externas imponen control y coerción, la auto explotación implica que los individuos participen voluntariamente en actividades que benefician a entidades externas a expensas de ellos mismos.

La sensación percibida de libertad que acompaña a la auto explotación puede ser engañosa, ya que los individuos creen que actúan por su propia voluntad. Sin embargo, en realidad, muchas veces están impulsados por presiones sociales, manipulación o el atractivo de beneficios percibidos. Esta internalización de la explotación no solo perpetúa las desigualdades sistémicas, sino que también fomenta una cultura de sacrificio y sumisión propia. Reconocer las complejidades de la auto explotación es crucial para entender cómo los individuos navegan las dinámicas de poder dentro de las estructuras sociales y para promover una autonomía y empoderamiento genuinos.

La explotación ha evolucionado más allá de las formas tradicionales de dominación, con la auto explotación surgiendo como un mecanismo altamente eficiente dentro del sistema capitalista. Este cambio de la alloexplotación, donde los individuos son explotados por fuerzas externas, a la auto explotación, donde los individuos participan voluntariamente en su propia explotación, sirve para acelerar la agenda capitalista. El atractivo de la autonomía y la libertad inherentes a la auto explotación enmascara las dinámicas de poder subyacentes en juego, difuminando las líneas entre perpetrador y víctima, amo y esclavo. Los individuos se convierten en agentes y sujetos de la explotación, perpetuando inadvertidamente un ciclo de auto explotación en busca de libertades percibidas. Esta interacción paradójica entre la libertad y la violencia subraya las complejidades del capitalismo moderno, donde la ilusión de elección y autonomía oculta los mecanismos subyacentes de explotación. Reconocer esta dinámica es esencial para desafiar las desigualdades sistémicas perpetuadas por la auto explotación y reclamar una autonomía genuina frente a las estructuras capitalistas coercitivas.

A lo largo de este proceso, los individuos desarrollan autoagresión, que con frecuencia se intensifica en la violencia de la autodestrucción. La autoagresión se refiere a la hostilidad internalizada y los comportamientos dañinos dirigidos hacia uno mismo. Mientras los individuos navegan las presiones y demandas de la sociedad moderna, internalizan normas y expectativas sociales, a menudo resultando en sentimientos de insuficiencia, auto duda e inutilidad. Estas emociones negativas pueden manifestarse en diversas formas de comportamiento autodestructivo, como abuso de sustancias, autolesiones o patrones alimentarios desordenados. La búsqueda implacable de éxito, validación y perfección en un entorno hipercompetitivo exacerba estas tendencias, empujando a los individuos hacia medidas extremas para lidiar con su tormento interno. La violencia de la autodestrucción representa la culminación de estas luchas internas, ya que los individuos lidian con las presiones conflictivas de las expectativas externas y la angustia interna. Comprender las raíces de la autoagresión y sus consecuencias es crucial para abordar los desafíos de salud mental que enfrentan los individuos en la sociedad contemporánea y promover mecanismos de afrontamiento más saludables y sistemas de apoyo.

La sociedad del logro prospera en la auto explotación, empujando a los individuos a esforzarse continuamente por el éxito y la productividad hasta que inevitablemente se agotan. En esta sociedad, el valor y la identidad están frecuentemente ligados a la capacidad de cada uno para lograr y destacarse en diversos ámbitos, ya sea académico, profesional o personal. Como resultado, los individuos internalizan la presión de superarse constantemente más allá de sus límites, sacrificando su bienestar en busca de validación externa y éxito. Esta cultura de ambición implacable y auto sacrificio crea un ciclo de auto explotación, donde los individuos se someten voluntariamente a largas jornadas, altos niveles de estrés y descuido de su salud física y mental en aras del logro. Sin embargo, este estilo de vida insostenible eventualmente cobra su precio, llevando al agotamiento físico y emocional, desilusión y agotamiento. La sociedad del logro perpetúa un ciclo dañino de auto explotación, donde los individuos sacrifican su propio bienestar por el bien de las expectativas sociales, solo para sufrir en última instancia las consecuencias de su búsqueda implacable del éxito. Reconocer los efectos perjudiciales de esta cultura es esencial para fomentar un enfoque más saludable y sostenible del bienestar individual y social.

La cuestión fundamental es cómo equilibrar la flexibilidad y la accesibilidad al trabajo con la necesidad de garantizar condiciones laborales justas y seguras. La regulación y el diálogo en torno a los derechos de los trabajadores en estas plataformas se han vuelto cada vez más relevantes para abordar estos desafíos y garantizar una economía laboral más equitativa.

En el vasto paisaje de plataformas digitales, cada YouTube tiene su contraparte, como Nebula, y cada Spotify encuentra competencia en el ámbito de Tidal. Incluso las plataformas más generalistas, como Patreon, han emergido como alternativas que priorizan y, en muchos casos, remuneran de manera más justa a los creadores de contenido. Es posible que, en este universo diverso, no estés familiarizado o no hayas optado por suscribirte a ninguna de ellas, y eso es comprensible. Sin embargo, detrás de esta multiplicidad de opciones, hay una compleja red de motivaciones y objetivos que determinan el éxito y la utilidad de cada plataforma.

YouTube y Spotify, junto con otras plataformas más generalistas, a menudo se centran en la creación de branding. Son espacios donde los creadores pueden establecer su presencia, llegar a audiencias masivas y construir una identidad reconocible. Estas plataformas, al estar altamente integradas en la cultura digital global, permiten que los creadores se conecten con una amplia gama de usuarios y establezcan su marca en el escenario digital.

Sin embargo, cuando la prioridad es la generación de ingresos, la ecuación cambia. A menos que te encuentres en el espectro mainstream con millones de seguidores y vistas, puede ser más beneficioso apelar directamente a tus seguidores a través de plataformas más especializadas. Plataformas como Nebula, Tidal o Patreon se destacan por su compromiso con la compensación justa de los creadores. Aquí, la clave radica en construir una relación más estrecha con los fans, ofreciéndoles contenido exclusivo y experiencias personalizadas a cambio de su apoyo financiero.

La idea de no depender exclusivamente de una plataforma gigante y evitar convertirse en esclavo de las métricas de visitas es atractiva para muchos creadores. La posibilidad de que los fans compren directamente o patrocinen a través de Patreon representa una libertad significativa, aunque también trae consigo sus propias controversias, especialmente en relación con la opacidad en las comisiones y el manejo de los ingresos.

La elección de la plataforma adecuada depende de los objetivos específicos del creador: ¿estás buscando establecer tu marca en un escenario global? ¿O prefieres cultivar una relación más cercana con tus seguidores y tener un control más directo sobre tus ingresos? La dinámica cambiante del panorama digital ofrece oportunidades y desafíos para los creadores de contenido, y elegir la plataforma correcta se convierte en una decisión estratégica clave en la construcción de una carrera sostenible en la era digital.

Finalmente, la innovación tecnológica que sustenta a la economía digital se ha estancado: la venta de móviles. Año tras año, las actualizaciones en los dispositivos no representan saltos tecnológicos significativos -salvo el éxito cuestionable de gafas de realidad aumentada y virtual-, sino más bien adaptaciones a lo que la industria puede ofrecer en el momento. Este fenómeno revela una dinámica peculiar en la que la tecnología, o mejor dicho, el producto, está subordinado a la necesidad del negocio de lanzar un nuevo modelo cada año, incluso si las innovaciones verdaderamente revolucionarias aún están a meses de distancia.

La premura por mantener un ciclo anual de lanzamientos ha llevado a que, en ocasiones, las verdaderas maravillas tecnológicas se retrasen simplemente para cumplir con el calendario preestablecido. Por otro lado, cuando no hay avances significativos en el horizonte, las empresas recurren a añadir unos pocos megabytes a la cámara o al procesador, dando la impresión de progreso aunque este sea más bien incremental.

El teléfono móvil, en sus primeros días, era un símbolo de estatus, una declaración de lujo y vanguardia tecnológica. Sin embargo, este estigma se ha desvanecido con el tiempo. Renovar el teléfono cada año ya no es un distintivo de estatus, ya que prácticamente cualquier persona, independientemente de su posición socioeconómica, puede permitirse el último modelo (siempre y cuando esté dispuesto a sacrificar una parte significativa de su salario).

El hecho de que cualquier individuo común posea el mismo dispositivo que figuras de la talla de Jeff Bezos o Elon Musk puede parecer paradójico e ilustra la democratización del acceso a la tecnología. La homogeneidad de los teléfonos móviles, donde la diferencia entre modelos puede parecer mínima, ha contribuido a una sensación de uniformidad en el mercado.

Este análisis de la evolución de los móviles se extiende, de manera similar, al mundo de los portátiles. En este ámbito, la constante búsqueda de mejoras marginales ha dejado a los consumidores cuestionándose si realmente vale la pena invertir en un nuevo dispositivo cada año. La pregunta persistente es: ¿qué puedo hacer con el último modelo que no podía hacer con el anterior? La respuesta, en muchos casos, es sorprendentemente poco.

Todo ello sin que el consumidor reflexione siquiera sobre lo asequible o accesible que es la compra de esos productos -no solo tecnológicos- gracias a justamente a otro modelo de negocio aun más insidioso: compra ahora, paga después.

El modelo de negocio "buy now pay later BNPL", un actor relativamente reciente en el panorama financiero, parece a simple vista ofrecer una solución sencilla a los deseos inmediatos de compra, pero su funcionamiento revela una compleja interacción de la psicología del consumidor, los incentivos del mercado y el impulso persistente del capitalismo moderno. En esencia, "buy now pay later BNPL" se presenta como una forma de dividir una compra en pagos más pequeños y manejables durante un periodo determinado, normalmente unas ocho semanas, a menudo con el atractivo de no cobrar intereses si los pagos se realizan puntualmente. Esta conveniencia percibida ha permitido que estas empresas, muchas con apenas una década de existencia, crezcan rápidamente, impulsadas por una considerable financiación de inversionistas y una actitud "tech-bro" que, durante un tiempo, las permitió navegar entornos regulatorios con cierta flexibilidad. Sin embargo, esta transacción aparentemente sencilla oculta una narrativa más profunda sobre la deuda, la gratificación instantánea y la sutil mercantilización de nuestros hábitos de consumo.

Puede observarse que, aunque las tarjetas de crédito tradicionales —con ofertas comparables de periodos sin intereses— han sido durante mucho tiempo un producto muy rentable para los bancos, generando rendimientos cuatro veces superiores a otras opciones de préstamo como las hipotecas, las empresas "buy now pay later BNPL" en su mayoría han tenido dificultades para obtener ganancias. Líderes de la industria han reportado pérdidas espectaculares: una empresa perdió casi medio millardo de dólares en un año, y otra mostró una pérdida de 300 millones de dólares incluso después de emplear inteligencia artificial para reducir gastos de atención al cliente e interpretar de forma optimista la fiabilidad de pago de sus usuarios. Esta falta de rentabilidad inherente, a pesar de que las empresas "buy now pay later BNPL" suelen cobrar a los comerciantes comisiones significativamente más altas—hasta un 8% de la venta para comercios promedio frente al 1,5-3,5% de los procesadores de tarjetas de crédito—nos obliga a reflexionar sobre los incentivos poderosos y casi irresistibles que impulsan su adopción.

El atractivo para los comercios, que en general tienen prohibido trasladar estas elevadas comisiones directamente al consumidor, es triple. En primer lugar, los servicios "buy now pay later BNPL" atraen a un segmento de clientes altamente codiciado: personas jóvenes que tienden a ser más impulsivas y pueden gastar más gracias a la posibilidad de fragmentar los pagos. Investigaciones indican que quienes utilizan "buy now pay later BNPL" tienen entre un 17% y un 26% más de probabilidades de realizar una compra, y el tamaño promedio de sus compras aumenta un 10%, llevando a un incremento general del 30% en el gasto discrecional. Segundo, en una época donde el costo de vida supera cada vez más los ingresos, "buy now pay later BNPL" ofrece un salvavidas crucial, aunque temporal, para que las personas puedan adquirir productos básicos como alimentos. Representa un esfuerzo colectivo por estirar recursos limitados, retrasar el inevitable ajuste financiero o, como dice una fuente, "hacer que el mes rinda un poco más cuando el dinero se acaba". Finalmente, estos servicios no son solo procesadores de pago; también funcionan como sofisticadas plataformas de ventas. Al recopilar grandes cantidades de datos de usuarios, promocionan ofertas y descuentos personalizados para cada persona, actuando como socios de marca que impulsan más ventas y justifican sus elevadas comisiones a los comercios. Esto se alinea con una tendencia más amplia del capitalismo de consumo, que "moviliza la emoción para generar más deseos y necesidades", mercantilizando no solo productos, sino también "emociones" y "experiencias de vida".

Los factores psicológicos detrás del uso de "buy now pay later BNPL" están profundamente arraigados en el paradigma consumista. La sociedad moderna, lejos de sentirse satisfecha, busca constantemente "más y nuevas cosas que comprar", impulsada por lo que Karl Marx describió como una "sumisión ingeniosa y siempre calculadora a apetitos inhumanos, depravados, antinaturales e imaginarios" estimulados por la publicidad. Esta búsqueda responde menos a necesidades genuinas y más a una adicción socialmente reforzada, donde comprar puede ser una forma de terapia para aliviar la depresión, proporcionando una sensación temporal de plenitud y refuerzo social. Estudios de neuromarketing muestran que nuestro cerebro opera en piloto automático, con deseos inconscientes — muchas veces conectados al estatus y al éxito reproductivo— que impulsan el 85% de las decisiones de compra. El cerebro emocional, en esencia, "quiere agotar la tarjeta de crédito, aunque nuestro cerebro lógico sepa que deberíamos ahorrar para la jubilación". En este contexto, "buy now pay later BNPL" se integra plenamente en una "cultura de la comodidad" y en la economía de la "prisa y el apuro", donde la facilidad de la "compra en un clic" encubre un ciclo incesante de producción y consumo.

Sin embargo, la fragilidad financiera de este modelo es evidente. A diferencia de las tarjetas de crédito, que están estrictamente reguladas como instrumentos de deuda, las empresas "buy now pay later BNPL" han esquivado en gran medida esta clasificación, lo que les permite ofrecer crédito a personas que no calificarían para préstamos tradicionales. Esta laguna regulatoria habilita a los "usuarios autodestructivos" a realizar maniobras financieras complejas, como usar tarjetas de crédito para pagar las cuotas de "buy now pay later BNPL", extendiendo así el periodo de pago durante meses sin que ninguno de los prestamistas lo sepa del todo. El verdadero objetivo de prestar dinero, desde una visión cínica, no es necesariamente el pronto pago con beneficio, sino "la perpetuación indefinida de la deuda para que la persona deudora permanezca en dependencia y subordinación permanentes". Así, "buy now pay later BNPL" se convierte en "una herramienta más para retrasar lo inevitable", fomentando una "ilusión de éxito" basada en dinero prestado.

El futuro de "buy now pay later BNPL", como muchas "tendencias de negocio emergentes", parece precario. Su modelo actual, dependiente de altas comisiones a comercios y una base de clientes en constante expansión que estira al máximo sus finanzas, no es sostenible. A medida que las empresas empiezan a resistir estas comisiones y la industria madura más allá de su fase de "conquista del mercado", es probable que el servicio "empeore" para consumidores y comercios, con el aumento de tarifas y cargos ocultos. Esta situación refleja una "enfermedad de la inversión" más amplia dentro del capitalismo, donde el atractivo de un crecimiento exponencial a menudo eclipsa la sostenibilidad a largo plazo y la sabiduría de modelos más pequeños y resilientes. Subraya una paradoja social: "la abundancia nos resulta más difícil de manejar que la escasez", llevándonos más profundamente al endeudamiento y alejándonos de la verdadera prosperidad. La búsqueda constante de "más" en lugar de "mejor", impulsada por un presente indefinido eclipsado por el futuro, acaba vaciando de contenido el valor, dejando a las personas atrapadas en un ciclo de consumo que promete libertad, pero a menudo sólo entrega una nueva forma de servidumbre.

Los nuevos modelos que aparecen al mercado corresponden a una necesidad de negocio y a una prueba del creciente empobrecimiento de la sociedad -o su creciente desigualdad- más que a un progreso en la innovación. La novedad es simplemente el único valor que aporta. Un síntoma de que, el modelo de negocio, si no hay cambios sustanciales, está destinado a morir en cuanto los usuarios se den cuenta del poco sentido que tiene renovarse un dispositivo cada años simplemente porque hay uno nuevo.

————————— ○ · ● · ○ —————————

CONCLUSIÓN

A medida que avanzamos en la era digital y nos sumergimos en nuevas tecnologías y formas de interacción, es innegable que se presentan desafíos y dilemas éticos que podrían configurar futuros no deseados o inesperados.

Desde la mercantilización de las redes sociales hasta la posible prevalencia de contenido generado por inteligencia artificial, cada avance tecnológico y cambio cultural lleva consigo tanto oportunidades como riesgos. La gradual asunción de estas distopías, muchas veces imperceptible en el día a día, plantea la cuestión de hasta qué punto estamos dispuestos a comprometer ciertos aspectos de nuestra privacidad, autenticidad y conexión humana en nombre de la conveniencia, el entretenimiento o la eficiencia.

La clave radica en la conciencia y la reflexión constante sobre el impacto de estas tecnologías en nuestras vidas. ¿Estamos dispuestos a aceptar las distopías emergentes como inevitables, o podemos abogar por un enfoque más ético y centrado en el ser humano en el desarrollo y la implementación de nuevas tecnologías?

RECURSOS ADICIONALES

Towards the Sustainable Corporation: Win-Win-Win Business Strategies for Sustainable Development. John Elkington. First published January 1994.

Win–Win–Win: The Influence of Company-Sponsored Volunteerism Programs on Employees, NGOs, and Business Units. Paula Caligiuri, Ahsiya Mencin, Kaifeng Jiang. First published: 03 November 2012.

Sensitization as a form of knowledge creation & the Win-Win-Win Model. Case Study: "Women Cooperative Gargaliani." Prof. Dr. Leonidas A. Papakonstantinidis.

Workplace diversity: developing a win-win-win strategy. Joan Marques. Article publication date: 22 August 2008.

Opportunity for a Dietary Win-Win-Win in Nutrition, Environment, and Animal Welfare. Laura Scherer, Paul Behrens, Arnold Tukker. November 22, 2019.

Shared prosperity, energy-saving, and emission-reduction: Can ICT capital achieve a "win-win-win" situation? Qiong Xu, Meirui Zhong. October 2022

Pandemic!: COVID-19 Shakes the World. OR Books. Žižek, S. (2020).

Like A Thief in Broad Daylight: Power in the Era of Post-Humanity. Allen Lane. Žižek, S. (2018).

Talking to My Daughter About the Economy: A Brief History of Capitalism. Farrar, Straus, and Giroux. Varoufakis, Y. (2019).

Technofeudalism. Varoufakis, Y. (2017).

○ · ◉ · ○

SOBRE VICTOR DE LA FUENTE

Adéntrate en el mundo de Víctor de la Fuente, un visionario profesional de marketing online y aventurero nacido en Barcelona cuya filosofía de vida es tan amplia como su carrera internacional. Su estilo transgresor proporciona un necesario aire fresco en los distintos ámbitos en los que opera.

En el ámbito profesional, Víctor es una fuerza en el mundo digital. Ha diseñado estrategias globales de e-commerce para gigantes como Nestlé, donde lidera la estrategia mundial de comercio electrónico, especialmente en Retail Digital Media (por ejemplo, Walmart, Carrefour, Amazon) y Social Commerce (por ejemplo, TikTok, Instagram). Su trayectoria abarca desde empresas medianas hasta startups ágiles, siempre en la vanguardia del eCommerce y el marketing digital. Además de su carrera profesional troncal, no solo ejerce como consultor a través de su propia agencia, vdelafuente marketing, sino que también es un experimentado emprendedor: cofundó una app pionera en el sector de la moda y ha explorado otros modelos de negocio como el dropshipping. Su experiencia digital es profunda y abarca todas las áreas de marketing y e-Commerce.

Más allá de la vertiente profesional enfocada a marketing, la verdadera vocación de Víctor está en la educación. Forma activamente a la próxima generación de profesionales como profesor de máster y posgrado en diversas universidades y escuelas de negocios, centrado en eCommerce, redes sociales y emprendimiento. Su objetivo no es solo transmitir conocimientos, sino inspirar esa reflexión, compartiendo de primera mano los aprendizajes adquiridos en un sector que aún estaba en sus inicios cuando él comenzó. Además, es común ver a Víctor de la Fuente en los principales eventos de eCommerce y marketing online como speaker o participante en mesas redondas.

Pero lo que realmente define a Víctor a nivel personal es su inquebrantable espíritu de aventura y transformación. Rompió con la rutina para emprender un viaje en solitario de 7 meses alrededor del mundo, mochila al hombro. Esta experiencia única de exploración y crecimiento, atravesando innumerables países, le abrió la mente a vivencias profundas. Igualmente relevante es su pasión por el deporte, que le ha llevado a conquistar no solo maratones, sino también ultramaratones de montaña y retos similares en distintos países, demostrando su capacidad de resistencia extrema y superación personal.

Estas intensas travesías profesionales y personales han forjado en él una visión única de la vida, inspirada en filosofías atemporales como el estoicismo, el budismo y el minimalismo-esencialismo. Con una conciencia global y multicultural, el objetivo central de Víctor de la Fuente es promover el pensamiento crítico aplicado a todas las facetas de la vida. Su estilo directo, sin rodeos y a menudo transgresor, busca provocar reflexión y aportar tanto inspiración de alto nivel como consejos prácticos para el día a día. Autor de varios libros, entre ellos uno sobre minimalismo al que guarda especial cariño, Víctor encarna los principios que defiende.

Autor, experto en eCommerce con una mentalidad vanguardista, corredor incansable, emprendedor en serie y apasionado educador, Víctor de la Fuente no solo observa el futuro: lo ha vivido, lo ha moldeado y ahora te invita a reflexionar críticamente sobre él. Desafía los límites y construye un futuro con propósito.

○ · ◉ · ○

OTROS LIBROS DEL AUTOR

La verdad incómoda sobre Bitcoin. DE LA FUENTE, VICTOR. 2024

Estoicismo y budismo zen en la vida moderna. DE LA FUENTE, VICTOR. 2023

Detox digital. DE LA FUENTE, VICTOR. 2023

La estrategia win y otros ensayos. DE LA FUENTE, VICTOR. 2023

Ciberacoso: un problema IRL. DE LA FUENTE, VICTOR. 2023

Aprende ChatGPT. DE LA FUENTE, VICTOR. 2023

Contra la utopía. DE LA FUENTE, VICTOR. 2022

Aprende a Invertir. DE LA FUENTE, VICTOR. 2021

Poems from a metal heart. DE LA FUENTE, VICTOR. 2021

365 quotes and meditations. DE LA FUENTE, VICTOR. 2021

Minimalismo: vivir mejor con menos. DE LA FUENTE, VICTOR. 2016

○ · ◉ · ○